好妈妈带出好孩子

羔小羊 著

中国经济出版社

·北京·

图书在版编目（CIP）数据

好妈妈带出好孩子 / 羔小羊著.
--北京: 中国经济出版社, 2019.7
ISBN 978-7-5136-5559-0
Ⅰ.①好… Ⅱ.①羔… Ⅲ.①家庭教育 Ⅳ.①G78

中国版本图书馆CIP数据核字（2019）第035770号

责任编辑　李　丰　高晓晔
责任印制　巢新强
封面设计　尚世视觉

出版发行	中国经济出版社
印 刷 者	北京艾普海德印刷有限公司
经 销 者	各地新华书店
开　　本	880mm×1230mm　1/32
印　　张	8
字　　数	163千字
版　　次	2019年7月第1版
印　　次	2019年7月第1次
定　　价	39.80元
广告经营许可证	京西工商广字第8179号

中国经济出版社 网址 http://www.economyph.com 社址 北京市西城区百万庄北街3号 邮编 100037
本版图书如存在印装质量问题，请与本社发行中心联系调换（联系电话：010-68330607）

版权所有　盗版必究（举报电话：010-68355416　010-68319282）
国家版权局反盗版举报中心（举报电话：12390）　服务热线：010-88386794

前言

当妈妈后,总想做一个最称职的妈妈,给孩子最好的呵护,不辜负来到世上的这个小小人。同时,妈妈们也发觉自己开始有了更多的焦虑。

孩子小的时候,担心孩子吃不饱睡不好,自己是否给足了孩子陪伴与安全感;孩子逐渐长大,有了自主意识,开始调皮,自己又在足够的爱与管教之间纠结,担心管得太严,孩子心里受伤,管得太松,孩子将来受苦;只生一个宝贝时,怕孩子将来没有兄弟姐妹,孤单可怜,也不想让孩子太过自我;生了二宝后,又纠结于大小宝关系怎么平衡,如何脱离吵闹不断的境地;完全围着孩子转,觉得自己失去了什么;想要多一点儿自己的空间,内心深处又觉得对不起孩子;上班,怕陪伴孩子的时间人少;做全职妈妈,怕自己失去安全感和价值感。各种各样的育儿知识实在太多,哪一种最适合自己也不清楚……妈妈们总是不断陷入这样那样的担忧顾虑中。

作为一名主动从国企辞职成为全职妈妈的我，刚开始独自带娃、没有老人帮衬时，与你们一样，有着诸多焦虑与烦躁，常常忍不住对孩子发火，事后又对自己失望，对生活感到迷茫，觉得养育孩子很麻烦。

在最郁闷的时候，我学习了育儿心理学，一点点调整自己。俗话说：育儿先育己。随着自己的心智慢慢成熟，我开始愉悦地享受着带俩娃的生活。

即便丈夫在外地出差，在孩子不上学的时候，我一个人也可以轻松带着两个年幼的宝宝，竟然一点也不觉得忙乱，反而我们都很开心快乐，彼此相爱。陪伴孩子之余，我随手写下了这些文字，并编撰成书，希望与更多的妈妈们分享自己的育儿心得，让大家一起成长，更好地爱孩子，亦成为更好的自己。

作为一本治愈型亲子教育书，本书围绕妈妈们的育儿焦虑与困惑，设置了五个针对性板块：认识妈妈自身的价值，同心育儿，接纳自己与孩子的不完美，了解孩子问题背后的真正原因，学会正面管教。书中有智慧，有观点，有方法，有丰富的案例和真实的经历，也有实践性强的操作手段，为妈妈们解答育儿的困惑，让妈妈们告别焦虑和烦躁，轻松玩转育儿生活。

好妈妈带出好孩子！愿每一位妈妈活得更从容、更美好，愿宝贝们感受到妈妈最真切的挚爱、最深厚的祝福、最用心的陪伴，成长为妈妈眼中最棒的好孩子。

目录 CONTENTS

第一辑　越享受越快乐

育儿先育己，妈妈对自身角色的认知与定位是能否快乐享受育儿生活的关键。认识这个角色，面对这个角色，喜欢这个角色，将焦点放在自己身上，解决内心的焦虑，才能真正告别育儿的烦恼，得心应手开启亲子生活。

喜欢当妈妈，是你给自己和孩子最好的礼物 / 2
你不只是在养孩子，也是在丰富你的童年 / 9
养育孩子的过程，就是成就自己的过程 / 15
当妈妈的你，出于爱的每件事都有价值 / 21
学会让心灵休憩，做个轻松享受的妈妈 / 26
处理好焦虑情绪，是你的必修课 / 31
天天感恩，是你给孩子最好的教育 / 37
比教育孩子更重要的是，你是怎样的父母 / 44

第二辑 越同心越快乐

比妈妈全心全意爱孩子更重要的是，爸爸妈妈彼此相爱，同心来爱孩子、教孩子；隔代教养最大的难题就是，分歧不断，矛盾重重；有了小宝后，大宝不接受小宝，令人头疼。同心教养，让家庭氛围不再紧张，处处和睦、有爱、轻松、快乐。

正确的优先顺序，让父母共同给孩子最好的爱 / 52
对待孩子，妈妈切忌与爸爸唱红白脸 / 58
引导孩子表达需要，爸妈一起带孩子 / 63
这些事情，妈妈放手，爸爸来做 / 70
告别"手机瘾"，给孩子更用心的爱 / 80
妈妈的态度，能使隔代育儿变为一致育儿 / 89
说好谁都不再比较，你们的孩子独一无二 / 96
大宝小宝和睦相处，这点很重要 / 102

第三辑 越接纳越快乐

妈妈们怀着爱心看待孩子，接纳孩子，陪着孩子慢慢成长。你会发现，内心的焦虑不知不觉消失了，取而代之的是平静、安稳与快乐。

世上没有百分百完美的妈妈 / 114
你不必当别人眼中的"好妈妈" / 119
不要用孩子的行为给自己打分 / 125
永远给孩子最深的接纳与爱 / 129
看见孩子就喜欢，是你值得学习与坚持的功课 / 135
敞开怀抱，拥抱犯错的孩子 / 142
处处用新眼光看孩子，别翻旧账 / 148
越难管的孩子，越给他更多的爱 / 152

第四辑 越懂得越快乐

懂得孩子的心理，懂得孩子问题背后的真正原因，才能游刃有余地面对诸多状况，让育儿过程始终处于良性循环，让你分分钟不再焦虑。

多陪孩子，比为他做事更重要 / 160
孩子在外胆小退缩，也许因为常被你拒绝 / 165
别再说伤害孩子的话 / 170
孩子做不到的时候，给孩子恩典帮他做到 / 175
这样陪玩，最高级 / 181
必须全心陪伴孩子的四个时刻 / 188
别只在朋友圈里陪孩子 / 192
角色扮演，最有趣的互动 / 196

第五辑 越会管越快乐

孩子的成长需要管教，但管教不是一味地指责与打骂。在家不用吼，简单立规则，轻松搞定娃。

别让孩子随心所欲 / 202
别怕孩子哭闹 / 208
规则比发怒更有效 / 217
四个字让孩子自己解决问题 / 222
轻松教会孩子学会收拾 / 226
孩子早上拖延，这样做就对了 / 231
孩子争玩具，这么处理最有效 / 236
家有女儿，五种教育要趁早 / 242

第一辑

越享受越快乐

HAOMAMA DAICHU HAOHAIZI

育儿先育己，妈妈对自身角色的认知与定位是能否快乐享受育儿生活的关键。认识这个角色，面对这个角色，喜欢这个角色，将焦点放在自己身上，解决内心的焦虑，才能真正告别育儿的烦恼，得心应手开启亲子生活。

喜欢当妈妈,
是你给自己和孩子最好的礼物

01

阿晓生下二胎后不久,就辞去事业单位的工作,回家全职带娃了。同事们纷纷惋惜:放着这么一份轻松又稳定的工作不做,回家围着孩子团团转,没几天肯定就被磨得受不了。还有些话没好意思说出来,潜台词就是:好好的知性女人别变成"黄脸婆"了。

前不久单位聚餐,邀请阿晓参加,阿晓来了,却让人"大跌眼镜"。这哪里有"家庭主妇"的既视感?分明比以前更容光焕发了。

带着两个孩子来参加聚餐的阿晓,没有显得忙乱,举手投足都充满着柔和而自信的美。她从婴儿车里把小宝抱出来,放在儿童餐椅上,系好安全带,戴上围腰,再让大宝坐在自己的另一侧座位上。一边给两个孩子夹饭菜,让孩子们自己吃,一边吃着饭

和大家谈笑风生。

其间,小宝不小心打翻了碗,洒得到处都是,她说:"没事,妈妈擦一下。"便微笑着进行处理,擦得干干净净后,又重新盛了饭菜。

大宝吃一会后说:"妈妈,我想上厕所。""好的,妈妈带你去。"她柔声说道,把小宝从儿童座椅上抱出来,一只手抱着,另一只手牵着大宝。微笑着款款回来后,又安顿好孩子们坐下,继续就餐。

看着阿晓有条不紊、不慌不乱、脸上一直带着笑、超温柔和有耐心的模样,大伙忍不住问:"你一个人带两个孩子,就不觉得很烦很累吗?"

她说:"一点也不啊,我喜欢当妈妈。"说这话的时候,她柔情地看着两个孩子,眼里闪着光,脸上尽是幸福的模样。

喜欢当妈妈,简简单单的5个字,却让她从内心里有着充实感和满足感。享受和孩子们在一起,心里的全部激情被挑动起来,甚至比过去工作的时候更美,更游刃有余,更有感染力。

02

并不是所有的妈妈都喜欢当妈妈。我认识一位妈妈阿杏,她一直都不想生孩子,丈夫也尊重她的想法。只是迫于两边父母的压力,不忍让长辈伤心,阿杏才生下了儿子摇摇。

说摇摇是阿杏为两边老人生的,这一点也不为过。母乳喂养到6个月,阿杏给摇摇断了奶,把摇摇送到了隔了大半个城市的爷爷奶奶家,周一到周五,爷爷奶奶带摇摇。周六摇摇被接回来,由住在同小区的姥姥姥爷带。

周六周日,只见到姥姥姥爷带着摇摇在小区里玩。有一次,难得见到阿杏也一起带着摇摇在玩,摇摇要阿杏抱,阿杏一边往后退,一边说:"你自己玩嘛。"姥姥说:"你抱一下他嘛。"最后,阿杏终于抱起了摇摇,却很不高兴地说:"哎呀,真麻烦。"

阿杏说,她真的受不了带孩子。除了母乳那半年,阿杏从没有带摇摇一起睡觉。就算是和姥姥姥爷住在同一个小区,摇摇也是睡在姥姥姥爷家的。

有一天,摇摇对姥姥说:"姥姥,我当你和姥爷的儿子吧。我不想当爸爸妈妈的儿子。"听了这话,姥姥又难过又无奈。

阿杏从没有喜欢上当妈妈,孩子不过是迫不得已生一个完成任务而已。

03

当妈妈的确是一件很辛苦的事。怀孕后,再也不能随心所欲了,想吃的零食不能吃,想去的地方去不了,还得忍受身体上的各种不适。

生下孩子后,对大部分妈妈来说,生活更是发生了翻天覆地的变化。身材走样了,皮肤松弛了,尤其肚子和胸部,跟没怀

孕时比起来,简直是天壤之别,自己对着镜子都看不下去,何况丈夫?

当妈妈后,再没有一个好的睡眠,母乳结束,还得喂奶粉,断奶后还得哄睡。多少个夜晚,精疲力尽、无可奈何地哄着已经哄了一个多小时还精力充沛的孩子,不知道什么时候才能熬过那段日子。

过去没事就能做做运动,看看电影,美美地逛逛街,轻轻松松地和好友聚一聚。现在,孩子睡了自己也只想呼呼大睡,做面膜、运动、泡澡,一拖又拖一直拖到没影儿了,白天有点时间想的就是今天带孩子去哪里玩,怎么度过高质量的亲子时间。

孩子小的时候,惦记着让孩子长肉、给孩子喂奶;孩子长大一点了,又想着给孩子报兴趣班,揪心孩子的学习、教育和发展。

认真当妈的人,真没有一天不操心的。身体上、心灵上、生活上都完全没有了个人的自由。特别是当孩子不听话、做事磨蹭的时候,分分钟让人想把孩子塞回肚里去。

最郁闷的是,还常常为了带孩子养孩子,跟老人跟丈夫发生不愉快,甚至有的自从带了孩子后,夫妻关系变淡、紧张,再也没有了当初的浓情蜜意。

是啊,当妈妈这么辛苦,哪里能让人由衷地喜欢呢?

04

好友阿彩有一次跟我聊天时,发了一大堆有了孩子后的牢骚，说："有时候真羡慕那些没生孩子，或者不用自己带孩子的人。"

没等我回应，她好像陷入了沉思，一会抬起头，眉眼里竟透着笑意："不过，当妈妈也挺幸福的。"

虽然有无奈的时候，却也有太多暖心的瞬间。孩子第一次伸出胳膊抱我们，孩子睁着大大的眼睛看着我们说："妈妈，你的眼睛里有我。"孩子甜甜地对我们一笑，动不动就亲我们，说："妈妈，你是我最喜欢的人了。"那些时候，心里真是暖化了。

不喜欢当妈妈，或者有时候不喜欢，不过是因为孩子改变着我们的生活，让我们似乎失去了自由，失去了美，失去了很多。然而，孩子真正最需要我们、缠着我们、磨着我们的时间不过就是那短短的10年。

俞敏洪曾在一次讲座上提到：孩子在10岁以前，他觉得自己在这个世界上只有一个依靠，那就是父母，离开父母他是活不下去的。

而我在一篇文中看到：孩子的心，你可不要指望自己随时都可以走进去，孩子的世界在10岁前对你打开了，你才能进去，一旦关上，你想强行闯入，必定受伤多多。

而10年后，孩子的世界就开始不再只有父母，他们会慢慢地走出父母的世界和生活。既然如此，不如好好珍惜这10年，享受这10年，就从喜欢当妈妈开始吧。

05

网络上有这样一段话,"做自己喜欢的事情,才会生活得有趣,才会不计功利地全身心投入这件事,而投入时的愉悦、成就感,便是最大的收获与褒奖"。

喜欢当妈妈,就会在烦琐、复杂的带娃生活中找出不一样的闪光点。在想到孩子时会微微一笑,看见孩子时会觉得满足,听孩子说话会觉得可爱,甚至连孩子的缠人都觉得贴心,面对孩子的哭闹也有了格外多的耐心和温柔。

和孩子在一起生活你也会有了更多的创意,甚至是收拾房间、打扫卫生、做饭洗碗,都能变成和孩子一起玩耍的游戏。你会敏锐地察觉孩子的心思,也会积极地疏导孩子的情绪,不明白的地方学习学习育儿知识,也会越来越有信心给孩子最好的爱。只有喜欢后,才会想尽办法做得更好。

出乎大家意料之外的阿晓,曾给人的感觉是柔柔弱弱,没想到如今照顾起两个孩子来,麻利顺溜,游刃有余。不仅如此,她经常给孩子做烘焙,还能有时间健身,家里更是窗明几净。事实证明,当妈妈不一定会当得忙乱烦躁,也能轻松快乐。

喜欢当妈妈的过程也是不断提升自己的过程。某个育儿作家曾在事业蒸蒸日上时,因女儿早产提出辞职,把带孩子、当妈妈作为她新的事业、新的喜好去发展。她说:"带孩子跟以前在职场做管理有很多相似之处,现在养育孩子的过程,也是提升自己管理才能的过程,即便将来我回归职场,也必定有更多的资本。"

她也对育儿事业越来越感兴趣,将学习到的育儿知识每天都记录下来。如今,竟成了百万粉丝育儿大号的号主,并且还出版了3本育儿畅销书,而她的系列育儿课程也在微课上线。

有位妈妈说:"一个阶段自有一个阶段的好。"没生孩子有没生孩子的好,而生了孩子,已经成为了妈妈,就用喜欢去享受当妈妈的好。

喜欢当妈妈,是你给自己和孩子最好的礼物。因为喜欢,所以能给孩子最好的呵护;因为喜欢,所以能当最幸福的妈妈。愿我们每个妈妈都喜欢并享受有孩子的生活,接纳这样的生活,成为更美的自己,拥有更幸福的模样。

你不只是在养孩子，
也是在丰富你的童年

01

好友冉说，前些天，儿子从幼儿园回来，迫不及待地打开书包，拿出同学送他的礼物，是她没见过的刮刮画。

一叠正面全是黑色的卡片纸，几张有各种图案的模型尺，几只可以用削笔刀削的竹笔。研究一会儿后，她和儿子各自选好模型尺，一人一张卡片纸，拿着竹笔沿着图案，开始画起来。惊喜出现了。卡片纸上的黑色被竹笔刮开，显出了亮眼的绿色。再一一刮开，粉色、紫色、黄色，各种颜色纷至沓来，漂亮极了。

儿子喊到："妈妈，我们好像在变魔法。"

是啊，她完全被这突如其来、变幻多端的色彩吸引了，乐在其中，然后画完了模型尺上的所有图案。那一刻，她突然想起英国浪漫主义诗人拜伦在《恰尔德·哈罗尔德游记》写的一句诗，

"呵，幸运的年月，谁会谢绝再体验一次童年生活"。

小时候，她哪见过这些。那会儿，她唯一的画笔是铅笔，画本是写完的作业纸背面。仅有的玩具，是在外打工的妈妈给她带回的一个小小的唐老鸭模型。

如今，在一次次陪伴孩子玩耍的过程中，她也像又变回了小孩子，重新体验了一个有许多玩具和新鲜事物的童年。

02

果果小时，夜奶频繁。有段时间，甚至每一个小时夜奶一次。每次迷糊中哭声一响，我便起身，搂着她，喂她入睡。下个小时她再哭，我再喂她。折腾一晚不说，第二天还得顶着黑眼圈去上班。

有次她生病了，我必须要抱着她，她才能睡得稍微踏实一点儿。一整个晚上，即使手酸了，也一直这样抱着她。

那段时间，我常常想起自己的童年经历。曾经很多年夜晚总被噩梦惊醒，自己心有余悸地大喊："妈妈，妈妈。"妈妈就会马上飞奔而来，陪着我等我睡着后再离开。有时一晚上来回好几趟。有次噩梦醒来，妈妈过来陪我后，我又睡着了，不一会儿又做噩梦，迷糊中好不容易挣扎醒来，看见的是妈妈担忧的脸。妈妈竟然一直没走，也没有睡觉，就那么坐着看我，眼神中满是心疼和忧伤。我的心瞬间被温暖了。

如今，在我对孩子付出爱的过程中，我童年时感受到的妈妈

的爱,也愈加饱满而热烈地呈现出来。

前段时间,微博上有个热搜:爸爸回来在沙发上睡着了,听见他在说梦话:"妈,晚上我想吃炒饼。"奶奶2000年就去世了,已经18年了。心猝不及防地被击中了,无论我们多大,在我们内心深处,依然住着一个小小孩,渴望被父母呵护,也幻想哪一天能再变回小小孩,享受片刻的宠爱。

而这个小小孩,最能够在我们亲自养育孩子的过程中,被释放出来,仿佛自己仍是妈妈抱着疼着的小宝贝,心便被爱浓浓包裹着。

03

前段时间,好友晓玲告诉我:她终于对父亲曾经的转变释怀了,她不再对父亲心有芥蒂了。

那些天,晓玲上幼儿园的儿子小羽很是调皮,做事拖沓,又厌学,种种问题袭来,让她很是苦恼。

担心小羽在学校的情况,晓玲想尽办法跟老师沟通交流,又关注小羽的情绪,想方设法寻找问题产生的原因,还穿插着治小羽的拖沓症。

晓玲真是觉得好难,好累。好几次,她都没能忍住吼了小羽,还打了小羽,事后她又后悔,怎么不理智一点呢?怎么不平和一些呢?

也就是在这期间,晓玲突然深深地理解了父亲,也接纳了父亲。原来，养育孩子真的好难好难，当好父母更是难上加难，哪里有十全十美、在童年时期一点都不伤害孩子的父母？

她一直对父亲的转变耿耿于怀，在她小的时候，父亲特别宠爱她，她也觉得特别幸福，和父亲的关系很亲密。可是从初中开始，不知道为什么，父亲突然对她变得严苛起来，总是很严肃地，甚至很凶地要求她做各种各样的事。

有一回，她考了班里的第一名，高高兴兴地回家告诉父亲。她本想得到父亲的表扬，没想到父亲却说道："是不是作弊啊？"听完父亲的话，她深受打击。

即便后来，她知道父亲是因为听了一位朋友的玩笑话："你这么宠她，什么都不让她做，长大以后怎么办呀？"才对她严苛的，但是她依然无法释怀。因为父亲的态度和过去千差万别，导致她和父亲的关系变得非常疏远，以至于后来她在感情中也没有安全感，很怕对方突然对自己冷了下来。

她第一次体会到父亲的不容易：那时的父亲不过才二十多岁，从未缺位过父亲的角色，用力地爱着她。小时候父母对她十分宠溺，但又怕她长大了什么都不会，所以开始严格地管束她，让她不至于被宠得无法无天。

后来，也许父亲管教她的方式过于偏颇和突然。但她现在才明白，其实父亲一直在努力地当个好父亲。他做得已经太好太好。那天，她第一次给父亲发微信："爸爸，我爱你。"一发出，她的泪就掉了下来。

有了孩子，经历过纠结，明白自己作为父母难以做到完美

后,才开始接纳父母的不完美,存在心底的便只有美好的记忆和无尽的感恩。

04

《童年,以6种方式影响你为人父母》一文中有这样一句话:很多人会将自己做孩子时的感受投射到自己孩子身上,将孩子看成曾经的自己。

孙俪的父亲在她幼年时就和母亲离异了,父亲再婚后又生下一个女儿,而母亲则独自含辛茹苦地抚养她。所以,她恨透了父亲。

孙俪后来原谅了父亲,很大程度上是因为丈夫邓超的劝说。但有篇文章透露了另一个细节:孙俪有次晒了一组邓超给孩子喂奶粉的照片,姿势差不多,却连拍了好几张,还做成了黑白色。

黑白照片的心理学意义,代表着"回忆"。作者说:"当丈夫对女儿展示出满满的父爱之情时,妻子看到的不仅仅是自己的丈夫爱女儿,而她自己心中对于父亲的感情和感受也很容易被触发。邓超对女儿的爱,就好像把'父亲对女儿'的爱给到了孙俪,填满了她的心。"

童年时曾经深深渴望却空缺的爱,在如今孩子接受我们付出父爱母爱的过程中,我们也仿佛跟着孩子一起重新获得。

05

在网络上走红的父亲万里,花了3年时间画女儿。

他说怕时光走得太快,来不及好好把握,所以想把女儿的美好童年定格下来。多少人羡慕,称他是"别人家的父亲"。而我却认为他自己获得更多:在珍视和定格女儿童年的过程中,他也一遍遍回到人生中最纯真的阶段,童年的自己触手可及,纷杂的世界坚守初心,多么难得。

余光中说:"人的一生有一个半童年。一个童年在自己小时候,而半个童年在自己孩子的小时候。"

有了孩子,我的那半个童年才完满起来。陪伴和养育年幼孩子的过程,也是我在跟随孩子重返曾经的岁月,重过一遍童年。借此,弥补着曾经的遗憾,修复着内心的创伤,拾起了遗忘的美好,定格了珍贵的岁月。

当妈妈的我们,不仅在养孩子,也在丰富我们的童年,圆满我们的人生。

养育孩子的过程，
就是成就自己的过程

01

几年前，大J的女儿小D早产病危，那段时间她每天都在想方设法地找可以帮助女儿的资源。

从被医生问"是否放弃？"的绝望到小D存活下来，到小D各方面落后同龄人两年的艰辛，再到小D已经上幼儿园一年多了，在最近的认知评估中，小D的专注力、观察力、想象力略高于同龄孩子。主治大夫说："小D很伟大，你们做父母的更伟大。"

两年前，为了帮助更多早产儿父母，大J开始做公众号，分享实践后的育儿心得，至今原创文章已超过800篇，拥有百万粉丝。最后文章被收纳形成了育儿畅销书籍，累积销量突破20万册。

最近,她又把进修学习的早期儿童教育专业理论,与自己丰富的实践经验相结合,在网络上开设了18节系列课程。

养育孩子的过程,原来也能遇见更多的风景,拥有更广阔的天空。

02

另一个妈妈林玲过着截然不同的生活。她是两个孩子的妈妈,如今儿子上小学,女儿也快上幼儿园了。最近,林玲多次在朋友圈说自己"快疯了"。原来她每天要带上女儿接送儿子、做家务、照顾女儿、检查作业,处理孩子们的纠纷、各种突发事件,让林玲身心俱疲。

每天看着不懂事的孩子,林玲只想哭,然而更多的是愤怒。她说:"最近我好像病了,不停吼叫、咆哮,动手打孩子,之后又后悔。生气时甚至会想,我死了或者我把孩子打死了就不生气了。"

林玲也恨丈夫,埋怨丈夫。因为丈夫经常出差,即使在家,他也只是看电视、玩手机,要不就是出去应酬,很少帮忙带孩子和做家事。跟他诉苦换来的却是不理解。

后来丈夫开始不愿回家,孩子一天比一天难管,自己变得憔悴、衰老,社交圈子也无比狭窄,林玲不知道,这样过着还有意思吗?

为什么养了孩子后,自己的生活品质一落千丈,自己也似乎

失去了价值感？

03

一样的身份，但不一样的是态度。大J一开始并不想全职带孩子，但当她明白这是全家当下最好的选择后，就欣然地接纳了。但林玲至今仍认为这是对她的束缚，她感到被迫、无奈，越来越愁苦疲乏，心有不甘。

《态度决定高度》一书中有这样几句话：一切都是最好的安排，永远想着最好的一面；眼界高的人会把工作看成乐趣，这种人迟早要成功；世上没有绝望的处境，只有对处境绝望的人。既然此刻的重心是养育孩子，那就把这视为最好的安排，把这看作是乐趣，而不是难熬的处境。一旦安心、甘愿地对待了，一切都会不一样。

在甘愿中，妈妈可以充满喜乐、真心热爱家庭与孩子。也真正知道自己的价值，即使没有了外面的工作，妻子和母亲这两个角色就是自己最大的价值，家庭和孩子就是最伟大的事业，这份安全感与自我认知让当了妈妈的我们不仅不会成怨妇，反而会用最大的热情努力经营每一天。

曾是公务员的小珊，生了女儿小坏以后，就辞去原本稳定的工作，回家带孩子了。她的初衷很简单，就是陪伴孩子成长，不放过孩子成长的每一个瞬间。

现在每天为孩子的变化惊喜，在被她一举一动所吸引的过程中，小珊拿起相机，记录下了女儿日常生活的点点滴滴。

喜欢和丈夫带孩子去旅行的她，更是不放过拍照的机会。像大多数妈妈一样，她喜欢在朋友圈里晒娃，天天拍，天天晒，而她的摄影技术也越来越娴熟。不仅如此，她还教会了小坏使用照相机，而连小坏也能踩着板凳用照相机拍照记录下爸爸妈妈幸福的样子，俨然一个小小摄影师。

小珊拍的照片也越来越受大家的赏识，渐渐地，有人主动找她约片。现在，她已成了某品牌相机的签约摄影师。全心带孩子后，不知不觉，她又多了一个摄影师的身份。

她甘心乐意地陪伴孩子，让她活成了自己最喜欢的样子，一家人过着享受满足的生活。

04

生活并非甘心乐意就能有好结果。电视剧《我的前半生》女主角罗子君，大学毕业后早早嫁做人妇，丈夫赚钱，保姆带孩子，她什么都不用做。不用操心家事、不用操心孩子，她也享受着这样安逸富足的生活，除了成天紧绷神经，时刻用警惕的目光观察丈夫的一举一动外，无所事事。直到丈夫出轨，她的世界轰然倒塌。

罗子君她虽甘愿，但是她不再学习与成长。大J说："与社会脱轨的不是全职妈妈这个身份，而是是否一直在学习和成长。如果不学习，做什么都会与社会脱轨。"

曾经,小鱼过着朝九晚五的生活,下班后陪完孩子就疲惫睡觉,家事全推给老人,自己就像一个长不大的小女孩,什么都不会、不懂也不管。也没有别的业余爱好。

生下老二独自带娃后,因为欠缺和需要,小鱼不得不开始学习:如何进行时间管理,如何理家;如何带好两个宝贝,教育好孩子;甚至如何保持充沛的精力,胜任这个角色。

她终于像一个真正的妻子和妈妈,打造温馨幸福的港湾,家里窗明几净、整洁舒适,孩子懂事快乐、有安全感,夫妻我敬你爱、满足甜蜜。

小鱼的丈夫也在朋友圈贴文:"德智体美劳全面发展的老婆大人,宝贝们以后一定很爱你。"称赞她不仅每天陪伴孩子、教养孩子、买菜做饭、操持家务,还烘焙做美食、健身、读书、写作。

独自带两娃的妈妈,不仅没有被家事所累,反倒开始越来越精致与有趣。

05

人的生活方式有千万种,妈妈们的生活也各不相同。今日头条上有一篇关于全职妈妈的文章下面评论各样,"自从有了孩子就没了朋友,没人帮带,自己带一个又一个,丈夫挣钱不多,都是省吃俭用,还没人理解,熬成了黄脸婆,逼成了怨妇,没时间,没心情,没资金潇洒。""谁说没钱就一定是黄脸婆呢?锻炼和美食都是在手机上学，看的书也都是图书馆借的，这些都不用花钱，只要是不想当黄脸婆的人不管有钱没钱都不会成为黄脸婆。""我也是全职照顾家，去市场买菜都要打扮得漂漂亮亮的，心里不快也绝不会抱怨，喜欢研究美食，喜欢锻炼身体练瑜伽、跳健美操，总之追求卓越的自己。不断充电让自己变得更优秀，随时都可以有足够的勇气面对突发的事情。"

豆瓣上有人说："作为一个已婚妇女，家庭生活对于我而言充满着很多的定时炸弹和琐碎乏味的地方。现在我知道，可以用一种'调戏'的方式、一种'激情'充满创意的方式去经营你的家庭，包括洗每一个碗，打扫每一个角落，都可以是充满喜乐和感恩的。"

用喜乐的态度去面对，学习的激情去探索，创意的思想去经营，我们一定不会成为"黄脸婆"，更不会是罗子君。甘愿带来希望，成长带来突破。当妈妈的我们，永远不知道前方有怎样的惊喜在等待着自己。

当妈妈的你，
出于爱的每件事都有价值

01

有位全职妈妈，她有两个儿子，一个儿子刚上学前班，一个儿子刚满2岁，平时丈夫上班时，就她一个人带孩子。她的生活很忙，也几乎所有的时间都与丈夫和孩子有关，每天过着四点一线的生活：学校、小区、菜市场、家。

我曾经觉得，她其实可以把生活过得更丰富一些，更多彩一些，更轻松一些。当全职妈妈，也并不一定要围着孩子和家事转，也可以有更多的精彩。但渐渐地，我却有了不一样的感受，对她开始心生敬佩：她能够安心当妈妈，能够享受这样的时光，能够不觉得自己是在浪费时间，是真正可以快乐的妈妈，而她所做的也都很有意义。

02

为什么很多妈妈不快乐？因为有太多的妈妈都只想做自己的事，而那些没有时间做自己事的，就会觉得被孩子和家事束缚了。已经在做一些事的，常会因为孩子和家里的需要来不及做事，心里就会烦躁、焦虑。

一切都是因为还有很大的"自己"。一切也都因为现在的社会鼓吹要活出"自我"，要为自己而活。

期望的和现实的不一样，想活出自己，却没有时间活出自己；想为自己而活，却受孩子和家的束缚，这就是不快乐的根源。然而，真正快乐的妈妈，是会忘记自己、是知道没有什么时间是自己的、是随时可以放下自己的渴望来满足家人需要的妈妈。

职场上的人，职场的时间是属于企业和领导的，领导安排什么，就必须去做什么，也乐于去完成。其实，在家里也是一样，在家里我们的身份是妻子、是妈妈，家就是我们的职场，我们的时间就是属于丈夫和孩子的。这样一来，即便所有的时间都围着丈夫和孩子，心里也会甘心乐意，不会再抱怨。

在家里，只要妈妈们放下了"没有自己必须和一定要做的自己的事"，没有了这份期望与现实的冲突，才会甘心乐意，才会快乐安心。

03

为什么我们会想做自己的事？因为想寻找自己的价值。许多妈妈觉得，在职场上班才能证明自己的价值，或者即使全职在家，也必须有一份事业才有自己的价值。而做饭、洗碗、给孩子换尿布、扫地、买菜，这些小事琐事真是在浪费时间，如果被这些事耽搁了，心里就会焦虑、不满。觉得时间又过去了，又被浪费了，我还没做正事呢。

我们渴望找到自己的价值，渴望自己的价值被认可。却不知道，我们活在这个世上，活着的我们本身就是有价值的，我们都是无价之宝，无须任何证明。就像一张100元的人民币，放在这里它是有价值的，放在那里它也是有价值的，你用它买东西它有价值，你不用它买东西，它仍然有价值。它的价值不随时间、地点、用途而改变。

我们的价值也一样，我们的存在就是有价值的。不管我们是在职场，还是在家里，也不管我们是做什么的，我们都是有价值的，没有任何改变，也没有任何不同。

04

我们本身就是有价值的，可是我们还想做有价值、有意义的事，不愿浪费时间，怎么办？世界上最有价值的事，是与爱相关的事。只要是出于爱的事，每一件都很有价值和意义。

出于爱的事，也都不是小事，当妈妈的我们，即使是打扫房间、陪孩子入睡、做很长时间的饭菜，都不是在浪费时间。即便看起来没有什么成就，而且每天反复，也不光鲜耀眼。可是，正是这些事情体现着妈妈的爱，带着爱去做的每件事都是珍贵的大事。

当我们为丈夫和孩子做饭时，做饭的过程中以及饭菜里都藏着我们的爱。当我们放下自己的需要，回应丈夫和孩子的需要时，我们的舍己亦是出于爱。

这每一件事都像珍宝一样价值非凡，每一件事都值得我们感恩，也都能令我们享受其间，因为每一次的爱都会像甘甜的蜜汁一样滋润着自己、丈夫和孩子的心田。

这样充满浓浓爱意的家，不仅不会成为我们的束缚，反而会成为我们幸福的乐园与心满意足之地。

05

有时候，我们真的需要学习一下自己父母的那一代人。在那个年代，还没有倡导自我意识和实现自我价值的说法。

我们的妈妈们总是很甘心乐意地照顾我们，即使她们也上班，但下班之余总是快乐、尽心尽力地安心在家庭中，享受为我们所做的一切。她们知道她们所做的是最重要、最有价值、最有意义的事。

虽然现在时代变了，但爱的定义并没有变，真正的爱包含着

舍己与付出。价值的定义也没有变,真正有价值的事一定与爱有关。当我们出于爱去做事,即便是很小的事,如我花两个小时给兔子整理兔笼,也不是在浪费时间,因为我爱我的丈夫,爱我的孩子,而我所做的就是他们期待的,就是有意义的。

我们的时间唯有赋予爱才有意义,我们所做的事唯有带着爱才有价值。出于爱的事,没有一件是小事,没有一件是在浪费时间。你值得自己珍视,愿你享受你所做的一切。

学会让心灵休憩，
做个轻松享受的妈妈

01

每天早上醒来，你的心是如何的呢？是想到孩子和丈夫，心里就喜乐，就觉得有一种幸福感；还是想到今天要面临的许多事情，需要做许多事情，觉得有负担，有焦虑，即便没有这种感觉，但是一睁开眼，心里已经在计划许多事情了，也希望这计划不要被打乱。你的心灵感受到的是轻松与安详，还是一种紧迫和忙碌？

在这世上，尤其是当了妈妈之后，我们要做的事情似乎越来越多，我们也越来越习惯忙碌。可是，学会让心灵休息，妈妈会更轻松，孩子会更快乐。

有位妈妈带着孩子跟团旅游。有一天需要去几个旅游景点，临出发前，孩子不愿上车了，就想在原地玩。最后，妈妈选择了

放弃去看旅游景点,用放松自在的方式,陪着孩子就在旅社附近的大草地玩。

那一天,是他们玩得非常开心尽兴的一天,也是她长久以来最安然享受生活的一天。孩子和旅社老板的女儿一起,在大草地上捉蝴蝶、奔跑,她静静地看着孩子们灿烂的笑容,她也在大草地上任由自己的思绪飞扬,放松心境。

没有劳碌的奔波和在旅游景点的匆匆拍照,她慢了下来,蹲下来和孩子们一起观察昆虫,她也在孩子们玩得投入时,自己欣赏着风景。竟是别有一番趣味,好像这才是真正的旅行。

傍晚,旅游车回来了,很多团友都说她太惯孩子了,应该拉着孩子一起上车,错过旅游景点太可惜了,都争相给她看她们拍的景点的照片。

她微笑着没有回应。那天的经历让她第一次明白,原来,有时候放弃自己的计划,慢下来,等孩子,就这样随着孩子的脚步去玩,去放松心情,让心灵休息,也许是更重要的事。

去旅游景点匆匆一游,拍照纪念,然后继续下一站,再匆匆一游,拍照纪念。这样的感受,远不如当天她们在大草地上过得舒心、惬意。

孩子需要的其实很简单,妈妈需要的其实也很简单,只是很多时候我们把它复杂化了,当我们试着让心灵休息,别被那么多事牵着走的时候,也许一切都会截然不同。

02

第一次我要独自带两个女儿过周末。周五时我有些紧张，担心招架不住这俩孩子，毕竟有一日三餐要做，还有那么多家务要做，想想都头疼。到晚上的时候，安静下来，我有了不一样的感受。我选择不去想明后天要做哪些家务，有哪些事要做。如果可以选择，就尽情享受和孩子们在一起的时光吧。

周六早上，对着醒来的孩子们说："早上好，妈妈爱你们。"然后悠悠闲闲地，一边陪孩子们亲昵、聊天，一边慢慢地帮她们穿好了衣服，一切都收拾妥当。奇妙的是，当我忘记那么多的家务，不再惦记着和担心着许多家务要做的时候，在陪伴孩子们的过程中，渐渐地，每一件事都妥妥当当地不知不觉就做完了。

原来，在那样放松的心情中，孩子是感觉得到的，孩子的心也会被感染，从而觉得有安全感，所以很是乖巧，也不易哭闹。

大女儿喜欢聊天，我就享受地和她聊天，不知不觉中饭也做好了，卫生也打扫完了。房间需要整理的，我们就把每个房间都当城堡玩，在玩耍中，不知不觉房间也就整理好了。让人惊奇的是，做完了一切，我们居然还有一起做游戏、一起阅读图书的时间。

独自带着两个女儿，竟然一点也不烦闷，不焦躁，也不忙乱，更无吵闹，一日三餐丰盛不说，家里也整洁干净，重要的是我们过得还极其开心、享受。

但有时候,我也会忘记,或者早上起来时没有让心灵休息,而是被事情充满,为事情忧愁,那时的我都不能发自内心地对孩子微笑,更不能享受和她们在一起。结果这一天所要做的事情效率低下,过得不快乐,孩子也更容易吵闹。

当我们一心惦记着事情时,心里会有一种情不自禁的感受,就是觉得孩子会耽搁我们、打扰我们,甚至觉得孩子是累赘。心里只盼望孩子要是能睡觉就好了,或者赶紧上幼儿园,会有一股莫名的对孩子的怨言和对自己无法掌控事情与管好孩子的失望。

原来,不惦记事情,让心灵休息,享受和孩子们在一起,结果反而需要我们做的那些事情一样样的都顺利地完成了。

如若是心里被事情缠绕,不愿被孩子打扰,反而我们和孩子都不快乐,事情也似乎更是难以顺利完成,好像永远都做不完,我们的心就也更紧张、更焦虑。

03

学会让心灵休息,就是不让自己在心里惦记许多事情,忧愁许多事情,计划许多事情,为许多事焦虑。不为明天忧虑,甚至不为今天想要做哪些事忧虑。

学会让心灵休息,就是可以放下手机,让手机静音,忘记手机,静静享受与孩子在一起的感受,体验最初的安然自在,轻松自得。

学会让心灵休息，就是不必太在意时间，不用一直看表，无须在催促中过生活，不用催促自己、催促孩子，而是安享每一个时刻。

学会让心灵休息，就是更在意人，在意和我们在一起的孩子，而不是在意事情。

想一想，当我们在热恋中和对方在一起时，不就是心里只有对方这个人，为这个人而快乐，因为在一起而享受，绝不会为其他事情而焦虑吗？让我们把这样的心态放到孩子的身上，和孩子在一起时也真正在意孩子，喜欢和孩子在一起的这个时刻。随之而来的平静反而让我们在不焦虑中更有效率地去办理每一件事情。

学会让心灵休息，就是让自己的心不被事情牵绊，就是可以在孩子需要我们时，能放下手中的事情，陪孩子笑陪孩子闹，陪孩子全心地投入游戏，与孩子用心地对话。

学会让心灵休息，就是让自己有一种安全感，知道不需要自己伸手去努力抓住什么，但一切都属于你，这会让你觉得心安，踏实。

学会让心灵休息，最重要的是，知道自己是有价值的，不需要通过事情证明你的价值，不需要成就证明你的价值，不需要你的工作、你的社交、你的应酬证明你的价值，甚至不需要你做的家务证明你的价值。

学会让心灵休息，不再记挂和担忧那么多的事情，尽情享受和孩子们在一起的时刻，你会更轻松喜乐，你的孩子也会更有安全感，更快乐蒙福。

处理好焦虑情绪，是你的必修课

01

有段时间，小区微信妈妈群都在讨论身边一个小学生被妈妈暴打一顿后离家出走的事。纷纷庆幸孩子最终被找了回来，没有发生大的事故。同时，一个妈妈自责内疚地说："其实，我也常常忍不住暴打孩子。孩子不听话的时候、做事磨蹭的时候，火气一上来，狠劲儿地打下去，好像打的不是自己的孩子，而打的是仇人一样。"

微信群沉默片刻后，很多妈妈坦诚："没错，我们也是这样。"其实，控制不住情绪会暴打孩子的妈妈，体现出的是她内心的焦虑。没有哪一个妈妈不爱自己的孩子，即使有，那也是因为她内心缺乏爱，或者心里有怨，有怒。可若孩子真离她们而去了，妈妈们又会懊悔至极，痛苦不已。

可是妈妈们的焦虑情绪、心理问题就该让孩子们埋单吗？当然不该。那些鲜活的生命，原本该被妈妈呵护和深爱的生命，带着无助离开这个世界，多让人悲痛。

02

在《境界》一书中，蒋佩蓉回答采访者的话引人深思："女性很容易因为孩子让自己崩溃了，并且失去理智，而做一些自己会后悔的事。"

对此我深有体会。刚开始和丈夫独自带两个女儿时，我也常处于崩溃的边缘。既有做不完的家务，有需要照顾的只有几个月的小女儿依依，还有争宠吃醋的大女儿果果。

从早上睁开眼到晚上上床睡觉，一想到这许多的杂乱，我就很焦虑，也常常动手打果果。喂依依吃奶时，果果非要过来让我抱，我就会推开她，如果她还不听话我就会"啪啪"使劲儿地打下去。晚上该上床睡觉了，果果还在吵闹，就是不能安静地睡觉，我的火气马上就上来了，也会控制不住地使劲儿打她。每次打完，情绪发泄后，我又会后悔。怎么就控制不住自己呢？

在外出差的丈夫说："你太焦虑了。想那么多干嘛，家务做不完就做不完呗，碗可以晚点洗，甚至来不及做饭可以叫外卖。你开心了，一切才好办。"

妈妈的焦虑，不仅对事情没有任何益处，反而让孩子处在紧

张中，家庭的气氛也沉闷压抑。只有妈妈不焦虑了，才会开始有积极的改变。

03

我开始在心里给自己放假。虽然人还是在家，可是睁开眼，我想的第一件事不再是满屋的杂乱，不是今天又有哪些家务要做，不是今天又要应付哪些烦恼。而那几天，我也真就叫了外卖。

我的心开始归于宁静，先解决自己的情绪问题，让自己的心被理顺。当我心里不去想这些杂事，不再为此焦虑时，就开始轻松起来。当我看着孩子们的时候，感恩涌上我的心头，我开始真正喜欢她们，也不再情绪失控暴打果果。当依依要吃奶、果果要争宠时，我会说："好的，宝贝，过来，妈妈抱。"反而果果很快就不再争宠，总是乖乖地自己玩自己的了。和果果一起洗漱睡觉时，我更关注她的感受，而不是一味叫她"快睡、快睡"。感受到妈妈关爱和轻松的她，反而总是很快就安稳地入睡了。

心境宽松了，也能安静下来进一步学习了。看一些整理的书，学习了断舍离，垃圾堆积了几天的家被我搞了一次大扫除，后来一直保持着整洁，竟也很容易。

看不少育儿的书，正面管教孩子，以恩典待孩子。慢慢地能让孩子们和平相处，在学习中情绪更加趋于稳定，也更有信心、更快乐地面对和引导孩子。日子竟然过得敞亮起来。

不焦虑的妈妈，才能够改变当下的状况，才能让引起自己情绪失控的事情不那么容易发生，才能快乐地喜欢孩子，有效地管教孩子、引导孩子。

04

每个妈妈，都要先学会处理自己的情绪，先解决好让自己产生焦虑的问题，再谈爱孩子、管孩子。

如果妈妈是因为工作太忙，压力太大，那就好好梳理一下，究竟是哪方面给了自己压力，是本身自己能力有限，还是领导布置任务太重，还是职场人际关系太难。找准了再积极寻找解决办法。

如果妈妈是因为婚姻危机变得易怒，那就先处理好感情问题，去看看哪里出了问题，去学习怎么经营婚姻，不要再陷在沮丧痛苦中。一味地抱怨和指责没有用，愿意改变才有转机。

如果妈妈是因为孩子太难管教忍不住生气，那就多读几本育儿图书，多听一些育儿讲座，针对孩子当前的问题查资料，你会发现，原来问题很简单，有效引导的方法也有很多。

如果妈妈是因为被家务所累，那么不妨给自己放个假，更重要的是多看看理家、整理一类的图书，收获的不仅有整洁的家，还有清静的心情，轻松的生活。

可以采取各种方式，或者跟丈夫交流，或者向他人倾诉，或者请人帮助，或者看些书，或者参加一个能接纳自己、对自己有

帮助的妈妈团,实在不能疏导的,进行心理咨询也不失为一个好办法。

总之,解决焦虑情绪,是每个妈妈的必修课。

05

这其中无比重要的,不要把快乐的钥匙放在丈夫、孩子的身上,不要让丈夫、孩子为自己的快乐负责,让他们为自己的焦虑埋单。若是这样,我们很难轻松起来。因为,如果我们的快乐需要丈夫和孩子来满足,那么就会轻易地因为他们的行为而情绪波动。他们表现如我们所愿了,我们就开心;他们表现让我们失望,甚至难过了,我们就愤怒。

当你的关注点只放在丈夫和孩子的身上,期望他们如何做时,丈夫若不体贴你,让你不开心,你也容易把焦虑的情绪传递和发泄在孩子的身上。孩子若是表现得不好了,那更不用说,直接就暴打一顿。

把快乐的钥匙放在自己身上,为自己的情绪负责,不管丈夫和孩子如何,不管事情如何,不管环境是不是如你所愿,都要有乐观的心态,都要让自己快乐。

也许是选择甘心乐意的接受,也许是寻找积极的方法改变。总之,你的关注点就在自己的身上。当你专注于解决自己的问题,理好自己的内心,不再焦虑与急躁时,反而你的丈夫、孩子都会受你影响,你的生活也会随之不同。

《父母成熟了，孩子就成才》一书中讲到：妈妈的性格与脾气，会直接影响孩子的心理发育。妈妈性格温和，孩子性情也趋于平和，内心世界稳定；妈妈如果性格暴躁，喜怒无常，孩子也心浮气躁，遇事情绪化，做事诸多不成。所以，控制情绪是现代妈妈需要学习的重要一课。

妈妈原是温柔的代名词，愿你从此做个不焦虑的妈妈，温柔平和地对待孩子，不再让孩子为你的焦虑埋单。

天天感恩，
是你给孩子最好的教育

01

当妈妈的，总想把一切最好的都给孩子，甚至是自己的生命。其实，妈妈能给孩子最好的礼物，就是学会感恩，这是给孩子一生的祝福。

有一个妈妈，习惯了感恩。孩子摔倒了大哭，她抱着孩子安慰后，感恩地说："没有真的摔伤，太好了。"丈夫回来晚了，她笑脸相迎："丈夫，谢谢你辛苦地工作，我知道你下班就想早点回来，但是不得不去应酬，谢谢你一直想着我和孩子，应酬完就马上回来了。"吃着婆婆做的菜，她说："妈妈，您做的菜真好吃，我要是在您这里把厨艺学会了就厉害了。"刚走到公交车站，公交车就开走了，她笑着对孩子说："没关系，一会儿就会又来一趟的，而且我们可以在这里观察一下街上的人和事，很不错的。"这样的妈妈，生活中的每一件事，都让她觉得欢喜，都能让她说出感恩的话。

在这样的环境下长大，必定也会常常感谢身边的人，感谢遇见的事，必定会是一个宽容、快乐、充满爱的孩子，和他（她）在一起的人会觉得舒适、愉悦，也都很喜欢他（她）。

当他（她）遇到不好、不顺心的事时，他（她）也不会抱怨环境和别人，而是会感恩，从好的地方去想，这样的他（她）才会去调整自己，而事业、生活中的大门也会为他（她）而敞开。

妈妈更欣慰的是，孩子越来越会感谢她，不仅口头表扬，还常在家人聚会的时候，和朋友在一起的时候，都称赞自己有个好妈妈。

其实，是妈妈的感恩之心深深地影响着孩子，孩子知足、快乐，一生都活在爱的海洋中。

02

另一个妈妈，却有着不一样的态度。孩子摔倒了大哭，她说："都是这个地板惹的祸，别哭了，妈妈把这地板打了。"丈夫晚上有应酬，回到家已经是深夜12点了，她说："你还知道回来吗？知不知道我今天在家有多辛苦，孩子有多不省心，你就不能早点回来帮我吗？"婆婆辛苦做了一桌子的菜，她叹气："怎么都没有我喜欢的。唉。"刚走到公交车站，公交车就开走了，她对孩子说："真倒霉，你看看，都是你刚才不快点走，妈妈叫

你多少遍了,现在倒好,又要等很久了。"

总之,无论什么事,她的第一反应都是看见不好的一面,就会说出消极抱怨的话。这样的妈妈,即使给了孩子最好的教育、付出再多的辛苦,却未必能让孩子一生得到幸福。孩子渐渐长大,学会的也一定是什么事都只看到不好的一面,也习惯抱怨和指责。

老师课上指点他(她),觉得老师对他(她)有偏见。学习成绩不好,他(她)觉得是被同学影响了他(她)。他(她)很容易不开心,也很少有人喜欢他(她)。

长大了,职场上的一点小事都能引起他(她)对领导和同事的不满。妈妈和他(她)都说,这都是因为领导和同事不好,所以迟迟不见提拔。其实,只是抱怨的心让他(她)不能成长,也让领导无法重用。

辛辛苦苦带大他(她)的妈妈,更是难过。孩子越来越抱怨她,说她做的菜不好吃;她想聊点什么,他(她)抱怨妈妈话太多。孩子只会挑剔她,从不感谢她。

其实,那不是妈妈自己的影响吗?妈妈没有感恩的心,在生活中凡事抱怨、指责时,孩子也就学不会感恩,遇事就只会推卸责任、抱怨、指责,甚至在好事中也能看到不好的一面。

03

你是哪一个妈妈呢?也许是第一个,也许是第二个,也许两个妈妈都有你的影子,时而是这个,时而是那个。

尤其现在，社会节奏过快，妈妈们的压力增大，很容易焦虑，随之而来的是容易抱怨、指责。特别是当事情不如你所愿时，就让你很难说出感恩的话。但为了真正给孩子最好的爱，最好的祝福，你可以学习当第一个妈妈，会感恩的妈妈，不是有时感恩，而是在一切事上、任何时候都感恩的妈妈。

从今天开始，一点点调整，先从说话开始，不再说负面的话，让每一句话都带着感谢。如果一件事发生了，我们想不到好的一面，那就先什么都不说。记住，只要开口，就一定要说积极的、好的话。

如果妈妈们心里确实难受想发泄了，怎么办？这时，也不要对孩子发泄，因为孩子承担不起。你可以开个博客记录、写日记发泄，甚至就在一张纸上写完，或者对着手机录音发泄一番，泄了怒气就删掉、撕掉。

当感恩的话说得越多时，你的心竟然也会慢慢地充满感恩，越来越觉得一切都好了。

我身边有个妈妈就是这样，她和丈夫总是吵架，有一天她看到孩子写的作文："我最大的愿望就是爸爸妈妈能够开开心心地对对方。"她的心受到了震动，决心改变这种局面。

她从不批评开始，刚开始丈夫做的事，她觉得不好，但为了孩子，她违心地夸赞了丈夫。结果慢慢地，她竟越来越觉得丈夫很棒，做什么都是对的。从开始的为了孩子，到最后她竟和丈夫又重新热恋起来。

孩子在这样的环境下成长，也越来越会说温馨、体贴的话

了,一切都变得美好起来。

04

安徒生的童话《老头子做事总不会错》里面的老太婆,便是习惯用感恩之心看待一切。一天,老太婆让老头子把家里的马牵到城里去卖,或者换一点好东西回来。结果老头子用马换了一头牛,牛又换成了羊,接着又换成了鹅、母鸡,最后只剩下一筐烂苹果。

两个英国人听说了这整个故事,打赌说:回家后他夫人一定会结结实实打他一顿。

谁知老头子回家后描述每一次换东西的决定时都获得了老太婆的夸奖,而且还获得老太婆的一个吻。这个赌,老头子赢了。

两个英国人说:"我喜欢看这幅情景,老是走下坡路,却老是快乐。这件事本身就值钱。"所以他们就付给老头子112镑金子,因为他没有挨打,而是得到了吻。

在我们看来,老头子所做的事明明都是不好的,可是老太婆却都能从这不好之中看出感恩之处,一匹马、一袋烂苹果,比起幸福之感,又算什么呢?

任何事情,我们都能够从中寻找到好的一面,这是我们能持续快乐的原因。任何问题,只要千方百计寻找感恩之处,去看好的地方,我们的心境就会不一样。

比如,孩子吵闹、不听话,但感恩的是:孩子身体健康,自己也健康，家庭和睦，我们能够有时间和机会与孩子在一起，管教和引导孩子。又如，工作遇到烦心事，但感恩的是：工资照常发放，收入稳定。

当事情发生时，当让我们第一反应不快乐的事情出现时，尤其是孩子惹我们生气心烦时，先忍一忍，想一想，这个事情中，有什么可以感恩的地方？

马瑞欣在一本书中写到，在做繁杂的家务时，她会想，这是一天中难得的独处时间，好好趁着这个时间享受独处吧，就边做家务边思考边沉淀，就这样原本她不喜欢的厨房生活也有了不一样的美妙感受。

若是每一天，我们看每一件事，都从不同的角度去看待，都去寻找感恩之处，我们一定更快乐，更享受。

05

真正爱孩子，就让孩子学会在每件小事上都说感恩的话，都怀感恩的心。这样，他的一生都会蒙福。遇到任何困难，他都不会轻易受挫，而是会积极面对。任何时候，不管环境如何，他都能过得快乐、知足。因着他的乐观与感恩，他会经历许多的转机和美好。

心理专家张怡筠博士说过："你越时髦，孩子越自信。你身材越好，孩子越骄傲。你越有进取心，孩子越勤奋。你越坚持做自己，孩子越独立。你越懂得付出爱，孩子越阳光。你越坦诚并

友善沟通,孩子越正直。所以当好榜样比当好保姆更重要。"

父母是孩子的镜子,想要孩子会感恩,我们就应该先做一个感恩的妈妈,学会对每一件事都用感恩的心去面对,用感恩的话语去表达。当你在这个过程中,偶尔忘记了,又抱怨了怎么办?那也不要指责自己,你也感恩地说:"没关系,进三步退两步,我还是前进了一步。"这就很好了,继续感恩吧。

愿你的生活充满感恩的气息,充满喜乐的味道。愿你的孩子一生被感恩的氛围环绕,一生蒙福,也成为别人的祝福。

比教育孩子更重要的是，你是怎样的父母

01

有篇文章写到：把你希望孩子成为什么样的人，具有哪些特征，一一写在小黑板上。对照这些特征，先看看你自己是否具备，先让自己成为这样的人。

当下，我写下了对果果和依依的期望，期望她们具备哪些特质？比如，温柔、良善、勤劳、待人有恩、不轻易发怒、内心平和、喜乐感恩……成为一个有着馨香的香气的美好女人。

而我自己，首先不就应该是这样的女人吗？只是忙着教育孩子后，常常忘记了这一点。

忘记了比教育孩子更重要的，你是怎样的父母，在这世上你是怎样的人。你如何，孩子就如何。

02

在果果刚刚学会自己独立入睡,并且一觉睡到天亮后,有一段时间因为一些原因她又不会了,甚至最近到床上她总是迟迟睡不着。一切的努力又要重新再来,我颇感到懊恼与烦躁。

某次,因为自己的急躁忍不住对果果发怒了。在果果好不容易睡着,一看时间已经深夜12点过了,许多抱怨的情绪又涌上心来。为了是否又要重新教果果自己睡觉,还是过段时间再教,我这心里实在有些迷茫。

第二天早上,阅读时看到"馨香的香气"几个字,我的心被击中了。我昨天对待果果的样子,向丈夫抱怨的样子,有馨香的香气吗?我不是希望果果成为这样的人吗?可是我自己呢?

我是希望果果将来遇到一点事,一点挫折就抱怨,就烦躁,就以怒气待人,还是希望果果无论在什么样的境况下都喜乐、感恩,都积极寻找新的解决办法?

原来,在教果果自己睡觉的这个过程中,最需要被教育和引导的不是她,而是我自己。我要在这环境中学会什么?我要给女儿什么样的榜样?

我不是应该,即使我的女儿难以入睡,甚至调皮,我的心里也柔和安静,温柔以待,也始终有着馨香的香气吗?让女儿看到也感受到,妈妈是一个不抱怨生活、不轻易发怒、随时感恩喜乐的女人,而她也在这过程中渐渐成为这样的女人。这,岂不是比教孩子睡觉更重要的事吗?

不止我丈夫提醒，连我自己都知道，每一次为了果果睡觉问题忍不住发怒时，我的样子实在是难看。我不愿意女儿有这样的脸色，那我自己不是也应该没有这样的脸色吗？

原来，在养育孩子的过程中，最重要的，不是教育孩子如何，而是我们在这其中，如何学会成长，如何面对一切困难与挑战，我们是怎样的父母。

03

跟朋友聊天时，她谈到她妈妈对她的影响。她妈妈是一个没有安全感、爱抱怨的妈妈。而她自己不想成为那样的妈妈，可是没想到在不知不觉间，自己身上竟深深有了那些印记。

在《妻子，荣耀的帮助者》一书中，有一封读者的来信，题目是《我不想成为妈妈那样的人》。而内容是，"我们知道妈妈在我们的悲剧里扮演了一个很重要的角色。她现在仍旧责备爸爸，其实我们都知道这个男人只不过是平庸了点。我不想做这样的妻子、妈妈。我希望我的孩子们能记得我是一个爱他们父亲并且享受生活的人。如果我们生活在篷车里，吃垃圾食品，我也不会介意。我希望我的孩子不要生活在紧张中，不要感觉他们的爸爸是一个被人迁就的傀儡。我的第一次婚姻只持续了短暂的几个月。我决心善待我的第二次婚姻。而我第二次步入婚姻后，我又迷失了，我甚至不知道方向在哪里。当我意识到由于公司裁员，他已经失业了，我们必须搬家时，我一面非常痛苦地打着包裹，

一面暗自责备着他不能好好地供养家庭，致使我们不得不搬出这套可爱的房子。然后有一天我抬头看他，在他的脸上，我仿佛看到了那曾经在我父亲脸上出现过千百遍的神情，那是父亲被母亲以'照顾家庭'为由而责骂时的失落。现在的我，就像当时我的妈妈。那一瞬间，我内心的堤岸崩溃了。我痛恨自以为是的我。然后，我记起了自己的誓言'我永远不要像我那爱责备人的妈妈一样'。"

你对孩子的影响是长久而深刻的，父亲是怎样的，往往儿子就怎样；妈妈是怎样的，往往女儿就怎样。

当你的行为伤害了孩子后，即便孩子长大以后不愿意成为你这样的人，这种影响仍会在不知不觉中刻在孩子的生命里。

04

前段时间，小翠在聚会时公开尊荣和感谢自己的妈妈。感谢她的妈妈在爸爸出现外遇的过程中，仍然持守这个家，以无条件的爱来爱爸爸、等候爸爸。最重要的是，妈妈在她面前从没有抱怨，没有指责。

相反，妈妈依然让小翠看到爸爸曾经爱她的地方，也鼓励她，哪怕爸爸只为她做了一点小事的时候，也要表达对爸爸的感谢。

在整个过程中，妈妈的坚韧与至爱让她深受感动，让她受伤的心得到医治，让她没有活在被遗弃感包围的孤独和痛苦中，更没有像其他遇到类似问题的同学一样，从此一生都活在恨爸爸、怨妈妈、可怜自己的光景中。

她也像妈妈一样，亲自经历了什么是真正的饶恕，什么是在任何环境下都选择喜乐与感恩。

如今，她长大了，心里没有苦毒，只有阳光、快乐，她也选择了一份事业，就是像妈妈一样，去帮助那些在婚姻中遇到困难的人。

她感谢她的妈妈，让她成为像妈妈那样的女人。

我们总是希望我们的孩子是乐观的、积极的，是遇到问题不轻易气馁的，不轻易抱怨与放弃的。那么，我们自己首先要成为这样的人，即使不用言语，孩子也自然会受我们的影响。

05

如今，许多的爸爸妈妈都愿意学习育儿知识，学习各种教育孩子的方式，都对孩子有各种美好的期望。可是，我们常常忽略的是，我们自己如何？我们要求孩子做到的，我们自己又做到了吗？

我们希望孩子喜欢阅读，喜欢看书，可是我们自己却不看。我们希望孩子将来和我们在一起时，不要总是看手机，能够愿意陪我们聊天。可是现在，我们多少次忍不住地一直看手机，多少次孩子祈求："爸爸（妈妈）别看手机了，陪我玩嘛。"

有的妈妈抱怨成年的孩子现在太喜欢打牌。可她却忘记了，自己年轻的时候天天打牌，幼小的孩子就站在她的边上，才上小

学就学会了打牌。

有的父母怨孩子不会感恩、爱推卸责任。他们却没有意识到，在家里，自己说得最多的都是抱怨他人、抱怨社会的话，很少会感恩。

有的爸爸总是暴打孩子，因为孩子在青春期总是爱打电动、打网络游戏。可他却忽略了，在孩子小时候，他一直在家中打游戏，给孩子做示范。

家中有女儿的，我们都希望孩子将来能够家庭幸福，婆媳相处融洽，那现在我们是不是应该更好地与婆婆相处，给孩子做好的榜样，这是不是比起和婆婆相争，更重要呢？

作为父母，第一重要的，不是如何教育我们的孩子，而是考虑我们自己做怎样的人、我们在孩子的印象中树立怎样的形象。

我们也可以把对孩子的期望一一列出来，对着那些期望先要求自己，再要求孩子。也许，我们会减少许多对孩子的压力，也会减少许多做父母的焦虑。

在育儿的过程中，其实我们自己也是一直在被成就的过程。只有我们成为了更好的父母，孩子才能成为更好的孩子。所以，我们应该把更多的时间用在自己的生命成长上。因为，在教育中，更重要和更有效的方式，不是言传，而是身教。

永远记住，当你对孩子失望生气的时候，当你不知道该怎么管教孩子的时候，提醒自己：你是怎样的父母，比你用怎样的方式教育孩子更重要。

第二辑

越同心越快乐

HAOMAMA DAICHU HAOHAIZI

比妈妈全心全意爱孩子更重要的是，爸爸妈妈彼此相爱，同心来爱孩子、教孩子；隔代教养最大的难题就是，分歧不断，矛盾重重；有了小宝后，大宝不接受小宝，令人头疼。同心教养，让家庭氛围不再紧张，处处和睦、有爱、轻松、快乐。

正确的优先顺序，
让父母共同给孩子最好的爱

01

宣染说，生了孩子后，丈夫就睡书房了。现在孩子已经上小学了，依旧和她同睡。

"那以后呢？什么时候和丈夫再睡一个房间？""谁管他呢，一边去。"宣染的言语里都带着不屑。

许多妈妈坦言，孩子早已是自己心中的第一，为了孩子，丈夫的地位总是一跌再跌。只要孩子有任何需要，妈妈就立马行动。但若丈夫有什么期待，她都看不到，也不在意。以前爱慕丈夫、欣赏丈夫，现在眼中唯一可爱的就是孩子，而看见丈夫唯一有的想法就是，丈夫要帮忙带孩子，帮忙做家务。

也许正因为如此，时间久了，很多夫妻的感情就变淡，甚至离婚了，而离婚是除了父母死亡之外，给孩子最大的打击和伤

害。明明是为了孩子，为什么最后却给孩子最深的伤害？因为我们弄错了优先顺序，夫妻关系是婚姻的基础，我们却往往把亲子关系看得比什么都重要，我们把自己和孩子紧紧地联系在一起，却把丈夫撇在了一边。

这样和丈夫的割离，对家庭和孩子的伤害是巨大的。丈夫好像失去了妻子，妻子也好像没有丈夫，孩子更是缺失了父亲的爱。长久以后，丈夫越来越不管孩子，妻子也越来越抱怨丈夫的置身事外，却不知道，一切是从优先顺序的转变开始的。

《从零岁开始》一书中写到：以孩子为中心的育儿方式，很自然地在实际生活中减低了夫妻关系的重要性，所以它危害夫妻的关系。以孩子为中心的育儿方式，错误地赋予配偶中的一方或另一方疏离的权利——为了把空间留给孩子，现在孩子变成家庭的焦点。

也有人说，孩子排在丈夫前面时，丈夫是最苦的，因为妻子觉得，你是大人了，不需要关注了，难倒你还和自己的孩子去争宠吗？

我们当妈妈的，若是为了孩子而和丈夫分床甚至分房，若是丈夫和孩子同时需要我们时，我们心里只有孩子，若是我们对丈夫的称呼只剩下"孩子他爸"，若是我们常常埋怨丈夫对待孩子的态度，也许，我们的优先顺序已经错了。

妈妈对孩子最好的爱，不是为了孩子忽略爸爸、撇开爸爸、反对爸爸，而是爱孩子的爸爸，把孩子的爸爸依旧放在人际关系的首位。

父母相爱的模样，能给孩子最大的安全感，也是给孩子最好的爱。

02

《妻子，荣耀的帮助者》一书中有一个调查，问75个孩子两个问题：一是你的家庭幸福吗？二是你希望家里的哪种情况有所改变，从而能让你成为一个更快乐的人？

他们以为孩子们会说希望得到名牌衣服、更多的自由、更多玩电子游戏的权利等，然而孩子们的回答令人心情沉重。

在所有答卷中，只有两三个孩子认为他们的家庭是幸福的。而对于第二个问题，每份答案基本都是相同的，他们有着共同的希望、共同的痛苦。他们都说："我希望妈妈和爸爸能彼此相爱。""如果妈妈和爸爸不打架的话，我们的家就会更幸福……""我要让我的妈妈和爸爸彼此喜欢。""如果妈妈不说爸爸的坏话，我们就会有一个幸福的家庭。""我希望我的爸爸不顶嘴，不让妈妈疯狂地怒吼。"

我们都很爱自己的孩子，想把一切都给他们。然而孩子最大的渴望却是：妈妈，我更希望你能爱我的爸爸，尊重我的爸爸，饶恕我的爸爸。

有一个叫希莉亚的妇人分享了她的故事：我还是个孩子的时候，我注意到我妈妈不信任我爸爸。如果我们哪个孩子做了坏事，她会迅速地处罚我们，用她的话说是，这样你爸爸就不会用

严厉的鞭子抽你们了。

如果爸爸要出去买什么东西,她会焦虑地大声说出,"他这个呆子,又要胡乱花钱。"

作为妈妈,我找不出她的错误,她让我们有吃有穿,但当我想到妈妈时,眼前浮现的是一位焦虑、烦躁的人,她总是责备爸爸。我们家里的气氛总是很紧张,我记得她只笑过几次。我不记得她什么时候坐在父亲的膝盖上,或者嬉笑着在房间里跳舞。

现在我们所有的孩子都已经长大成人了。我们女孩的青春年华都很惨,我们的婚姻都有问题,我们的孩子也不好。我的第一次婚姻也只持续了短暂的几个月。

父母不相爱,对孩子的影响是一生之久。许多孩子后来婚姻不幸福,也许都要追溯到爸爸妈妈曾经在婚姻方面给他带来的伤害。

所以,我们要时刻记住:母亲要做的最重要的一件事是,通过深爱孩子们的父亲、对生活知足,从而为孩子们创造一个平静与喜乐的家庭氛围。

03

一个男孩儿渐渐长大,有一天为了一件事跟妈妈顶嘴了,妈妈很伤心。爸爸把男孩儿带出去聊了很久。回家后,爸爸当着妈妈的面对男孩说:"记住,这是我的女人,今后你要再敢对我的女人不尊重,别怪我对你不客气。"

从此以后,男孩儿对妈妈非常尊重,对爸爸也更加敬佩。后来这个男孩儿也成为心理非常健康、自信、乐观的人。

她先是我的女人,再是你的妈妈。我先是一个丈夫,再是一个父亲。他先是我的丈夫,再是你的爸爸。我先是一个妻子,再是一个母亲。

在妻子的心中,丈夫是所有人中最重要的,甚至高于孩子和父母,而丈夫的事就是最重要的事。对丈夫来说,妻子是所有人中最重要的,甚至高于领导和同事,妻子的事也是最重要的事。

这样的关系,才会让我们的爱情永葆甜蜜,才不会让我们的婚姻走向平淡。这样的顺序对每个家庭来说都很重要。如果每个人都先爱自己的丈夫或妻子,孩子一定会幸福很多,健康很多,将来的婚姻会美满很多。

04

要确保夫妻关系始终是人际关系的第一位,我们就要常常审视:在我们的心中有没有什么阻隔我们把对方当成最重要的人?看看有没有什么人、事、物的地位比对方还要高,比对方还要重要,有没有人的意见和看法比对方的意见和看法还要重要,你对待某事的态度比对对方更紧张和在乎。

是孩子吗?是工作吗?是同事吗?是兴趣爱好吗?是家务琐事吗?还是其他什么?

若是想不起来，我们就回想当初恋爱的时候，是不是整天整个思想都在对方？都是带着对对方的思念去工作、去思想？任何时候都想和对方在一起？任何时候都巴不得早点见到对方？和对方在一起时就是一心一意？

现在，是什么其他事或人代替了这种感受，让你不再如热恋般不得不想呢？这代替的事或人，拦阻着我们全心地爱对方、在乎对方。

我们不要去考究对方，不要去要求对方，对方做不到的我们只要接纳和等候。我们只要做好自己的部分就好。

《爱情保卫站》节目中情感导师涂磊曾经说过："永远不要试图改变对方，只有改变自己才能改变对方。"先用心改变自己，我们就会发现，夫妻关系在不知不觉间会越来越好，对方也会越来越好。

愿我们都再一次把对方放在真正应该放的优先位置去爱、去在乎，用心经营我们的爱情与婚姻，给孩子最深的安全感和最完美的爱。

最幸福的孩子，是爸爸妈妈相爱，这样的孩子，一生都有爱的能力，也有接受爱的勇气。但愿每一个孩子都能感受到爸爸妈妈深爱彼此，都能对妈妈或爸爸说："妈妈（爸爸），谢谢你爱我，更谢谢你爱我的爸爸（妈妈）"

对待孩子，
妈妈切忌与爸爸唱红白脸

01

阿晓一家出门吃饭。女儿在喝了一杯饮料后，还想继续喝阿晓的饮料。阿晓的丈夫没有同意，说饮料已经冷了，喝坏肚子了怎么办？女儿瞬间对着妈妈开启哭闹模式："妈妈，我要喝。"阿晓的丈夫说："不能喝就是不能喝。"女儿继续喊："妈妈，我要喝。"

这时，隔壁桌的一些人都看了过来，阿晓一家很是尴尬。但阿晓没有说话，任凭丈夫处理。

过了一会丈夫对女儿说："过来，爸爸抱。"抱着女儿，丈夫又仔细给她讲了道理。哭闹的女儿被爸爸抱着，知道爸爸依然喜欢她，也知道爸爸说的就算数，妈妈也不会向着她，很快就安静了下来，不再吵着喝饮料了，然后继续开心吃起饭来。

阿晓说:"很多时候就这样,我什么都不用管,也不用说,丈夫就把孩子教得好好的,我也跟着丈夫学了不少。"

只要信任自己的丈夫、孩子的爸爸,就能当个轻松的妈妈。

02

常听人说:家里要有一个人扮白脸,一个人扮红脸。其实,这是错误的。

一个人严,一个人松;一个人说这样,一个人说那样,孩子就会不知道该听谁的,时间一久也会在心里偏向要求宽松的那个人。慢慢长大后,也会不尊重家里的父母。因为父母之间都不一致,父母彼此都不尊重,孩子怎么会去尊重父母呢?

聪明的孩子会看脸色,这方不同意了,就去那个会同意的一方吧,如此一来孩子也会越来越难以管教。

一个家庭最重要的一点,一定是夫妻合一,一定是爸爸妈妈用一致的态度去面对孩子。如果妈妈想要过得更轻松一点儿,想要爸爸别做"甩手掌柜",就应该更多地信任自己的丈夫,放手让丈夫按照他的方式教养孩子。即便确实有不妥之处,也不要当着孩子的面反驳,要在私下里和丈夫沟通。

一个家,要发挥爸爸这一家之主的作用,那一定要让爸爸的话有权威。妈妈越尊重爸爸,越能让爸爸引领一家人的生活,妈妈越轻松,孩子越健康,家庭越幸福。

03

很多时候，妈妈操心太多，担忧太多，生怕自己的丈夫不会带孩子，不会教孩子。丈夫带着孩子玩水，妻子马上大喊："别带宝宝玩水，这都不懂。"丈夫给孩子喂饭，妻子说："怎么搞的，喂得到处都是？"

很多爸爸或许就在这样一次次被否定中，越来越不愿管孩子陪孩子，渐渐地才越来越不像爸爸。

念念的丈夫是个好爸爸，带孩子比她细致，很会引导和教育。当她情绪失控对孩子发火时，又会宽慰指点她。念念常常称赞丈夫。有一回丈夫休假，就在家带孩子，念念下班后由她陪着孩子玩，丈夫则去做饭，这原本是特别快乐温馨的家庭时光。结果有两天，孩子晚上不睡觉，情绪烦躁的念念便对丈夫说："明天我们早点吃饭吧，让孩子睡早点。"第二天上班前没跟丈夫温馨道别，而是反复强调着这句话。当天丈夫接孩子放学回家后，就让孩子看电视，他去厨房做晚餐，念念一回到家就吃到了丰盛美味的晚餐。可念念却又说："明天别给孩子太早放电视，她可以自己玩的。"

在念念看来她不过只是提了点意见，但实际上这让丈夫感觉被否定了，没有感受到主动付出的被认可，反而从提的意思里体味出了不满：怎么不早点吃饭呢？怎么给孩子看电视呢？

瞧，念念丈夫平时的表现都是100分，但她还是忍不住要指点。而因此他丈夫的积极性受到了打击，之后的两三天晚上都吃

的面条或叫的外卖，也没有像头些天那样和孩子在地上打闹嬉笑开心十足了。

当妈妈的你很容易习惯性"纠错"和反对，这样并不会让丈夫更如你所愿，反而会让丈夫一点点往"树洞"里面躲：你觉得我做得不好，那我干脆就不做了。

每个丈夫，都希望自己在妻子心中是英雄，希望妻子看见自己所做的都是好的，希望自己在孩子心中也能有个高大的形象。

认可丈夫，多多赞美和感谢他，给他自己成长的空间，不要总是和他唱红白脸，就是最好的做法。

其实，男人比女人更理性，思考问题也更周全。若是在孩子的教养问题上多询问丈夫的意见，更多地让丈夫做主，会发现丈夫原来也可以是育儿专家，并且越来越棒。大多数时候我们都没能看出丈夫的这股潜力，只是因为平时我们做得太多，说得太多，掩盖了丈夫的光辉形象，打压了他的积极性。

若是遇到一件事情，只觉得自己的意见才是对的，不听取丈夫的意思，或者直接认为丈夫的意见是错的，在孩子面前争执，这对教养孩子有弊无利。其实，家里的大部分问题都没有什么大不了的，你若想做一个快乐轻松的妈妈，那么就多信任自己的丈夫。

04

在一个家里，孩子既能看到爸爸一家之主的身份与地位，又能看到妈妈温柔喜乐的美好模样，对于孩子的成长来说，比什么都重要。

在这种环境中长大的男孩子才会更有阳刚之气，更有主见、信心与勇气；女孩子则会更加温柔与平和，更加包容与忍耐。他们也都会更尊重爸爸妈妈。

爸爸喜欢给孩子们放电视，妈妈心里不要着急，放就放吧，比起担忧孩子们看多了电视对眼睛不好，爸爸主动带孩子的行为，更能促进一家人的感情。该睡觉了，爸爸却带着孩子们玩，妈妈也享受其中吧，也许这会成为一家人快乐的记忆。爸爸爱给孩子们买零食和饮料，妈妈也尝一点吧，比起担忧孩子们吃多了垃圾食品对身体不好，快乐地享受给一家人的祝福更重要。

多多信任爸爸，多多放手，抛开担忧和顾虑，你会发现，爸爸越来越优秀负责，你越来越轻松快乐，孩子越来越懂事健康，生活也就越来越美好幸福。

引导孩子表达需要，
爸妈一起带孩子

01

某晚，疲惫不堪的我哄果果入睡，一个多小时都未睡着的她，被我两巴掌打在屁股上后，撕心裂肺地大哭起来。先睡着的依依被惊醒了，也大哭不止。我上前搂着两个哭声越来越大的孩子，顿时感到特别挫败。

这时，房门打开，丈夫进来了，向果果伸出手说："来，爸爸抱。"果果抽泣着爬到他的怀里。丈夫抱着她就出了房门，把果果抱到了主卧。突然，整个世界都寂静了。

果果不再哭，依依吃着奶又睡着了，生活一下子又变得美好而安宁。

其实，丈夫那天工作特别累，吃完晚饭很早就睡着了，我没想到他会突然出现在孩子们的房间。他打开门向果果伸出手的瞬间，好像盖世英雄。

被父亲疼爱着的孩子，只要一提到父亲便骄傲。父亲对他们来说，是最深的依靠，也是最大的庇护。但不是所有的孩子都被父亲疼爱着。

前几日，阿欢跟我讲她孩子和孩子父亲的故事，其间，我几度落泪。在孩子还未满月时，晚上总是爱哭闹，父亲说："烦死了，把他抱出去。"带着几个月大的孩子一起坐高铁，孩子大哭不止，父亲一巴掌打在孩子的左脸上，小小的脸瞬间浮肿。孩子快5岁了，父亲单独和孩子在一起的时间不超过10分钟，更别说带孩子出去玩了。并且只要孩子一哭闹，父亲就是一顿吼或者打。父亲节要到了，孩子一边悄悄地说："妈妈，我不想爸爸回家。"一边怯怯地望着门外，生怕被父亲听见。这样的父子俩让阿欢的心都要碎了。父亲和孩子之间，隔了好远好远的河，而这河里还是刺骨的冰，令孩子不敢靠近。

阿欢的故事或许是个特例。可是目前在太多的家庭里父亲的角色是缺失的。父亲总是很忙，带孩子的，永远只有妈妈或者奶奶、外婆。父亲不会花很长的时间陪孩子，给孩子讲故事，带孩子踢球，陪孩子聊天，更是"奢侈"。

一个小学生说："我的爸爸回到家就躺在沙发上看电视，动也不动。"父亲从不和他互动，在家里也像个局外人。

那些渴望亲近父亲的孩子，他们心里的空缺要怎么弥补？

02

能够帮助孩子重获父亲缺失的爱,帮助孩子的父亲回归缺位的角色,这个最佳的人选就是孩子的母亲。

而最有效的办法,就是了解男人的两大心理,然后对症下药。一是被需要的心理。我曾问一位父亲:"为什么从不见你带孩子?"他无奈地耸耸肩:"孩子不需要我,不要我带。"偶尔他想抱孩子,孩子却躲得远远的,只要妈妈抱。有时妈妈忙,让他带会儿孩子,孩子哭着喊:"我要妈妈。"

妈妈烦透了,对他说:"谁叫你平时不带孩子,不陪孩子玩?他当然不跟你了。早知道当初真不该把你赶到书房,让你当'甩手掌柜'什么都不干。"

无论是指责埋怨还是自责后悔,都于事无补。接纳永远是最好的开始,接纳过去自己把丈夫推开、把所有的注意力全放在孩子身上,也接纳丈夫成为一名合格的父亲需要时间和帮助。

在正确的态度下,才能重新建立孩子对父亲的需要感。即便父亲已经习惯了不被需要,孩子也习惯了不需要父亲,也大可改观。

妈妈要从心里觉得自己和孩子真的需要这个男人,需要家里有一个英雄般的父亲,更应该在孩子的面前树立父亲的英雄形象。千万不要在孩子面前抱怨:"你爸爸从不带你,根本就不会当父亲。"

一家人出门,孩子要抱,即使孩子想要赖着妈妈,妈妈也要坚持:"宝贝,妈妈累了,爸爸抱着最舒服了。"即使孩子哭着挣扎,妈妈也要温柔地坚持,并撒娇地告诉丈夫自己和孩子需要他。很快,挣扎无效的孩子就会喜欢上父亲宽厚的臂弯。

当孩子需要妈妈的帮助时,比如寻找东西、修补什么,妈妈都可以简单尝试后告诉他:"妈妈找不到、妈妈不会修,等爸爸回来,请爸爸帮忙,爸爸最厉害了。"即使是丈夫出去应酬,也应该告诉孩子:"爸爸是出去工作,为了我们,爸爸很辛苦。"任何时候,给孩子的感受都是:我们需要爸爸,爸爸能给我们保护和依靠。

孩子的心很单纯,妈妈发自内心对孩子父亲的认可,以及千方百计引导孩子对父亲的需要感,孩子很快就会需要父亲,什么都想着父亲。

在我们家,果果总是什么都找爸爸,最需要爸爸。有一次,我拿着水果刀准备切西瓜,果果说:"妈妈,让爸爸切吧,爸爸不会切到手,你和我都会把手切到的。"某次,她请爸爸帮她把话筒断掉的电线给接回去,丈夫打趣地说:"宝贝女儿呀,爸爸不是万能的。"即便如此,也不影响她依靠和需要父亲。丈夫出差在外,果果上幼儿园,看见被雨水淋脏的车身也会说:"等我爸爸回来,我要告诉爸爸车子被雨淋脏了。"

听着孩子充满依赖、奶声奶气地喊"爸爸,爸爸",当父亲的,心怎能不被融化?每个男人天生都有英雄情结,内心深处都渴望被真正需要。而被自己的女人和孩子需要,更会让他们升起

一股保护的欲望，不自觉地就想要去照顾和心疼他们。

03

男人还有一种心理不容忽视——渴望获得成就感。为什么事业对于男人来说格外重要？因为事业能在极大程度上满足男人的成就感，让他体会到自己的价值。

如果我们能够让自己的丈夫，在带孩子的事上体会到巨大的成就感，他会越来越享受这件事。

好友琳向我诉苦，自己的丈夫完全不管孩子，不陪孩子，偶尔叫他看着孩子，就是给孩子放电视，而他则在一旁看手机。他宁愿应酬，也不愿花时间在孩子身上。沟通、唠叨、抱怨，甚至发各种"合格父亲"的文章给他看，都没用。

我建议她试试这样，丈夫不愿带孩子或让你不满的地方，你都当没看见，完全忽视，一句话别说。而他稍微带了孩子即使是一分钟，你都想方设法地去夸他，感谢他。

两周后，我们再见面，琳喜笑颜开。

丈夫前一周出差去了外地，她用了5天的时间，努力回忆丈夫为孩子做的事，给丈夫写了一张感谢清单，题目是"谢谢你是孩子的好父亲，有你当孩子的父亲，孩子真幸福"。清单上列了10个夸奖丈夫作为父亲的地方：你用心给孩子取名字，从孩子的名字中就能体现你对孩子深深的爱；你愿意让孩子在你腿上坐摇摇车，你对孩子好有耐心；你给孩子讲故事的样子真迷人，孩子听得好开心；你对孩子说话好温柔，我都要向你学习呢……

其实，很多项丈夫几年来仅做过一次。但丈夫看了后回复说："我有这么好吗？"她说："当然啦，你是最好的父亲。"

两天后丈夫回家，破天荒地每天花很多时间陪孩子，主动带孩子，给孩子做好吃的，她在清单中所写的，丈夫都尽心尽力去做，还做得很开心。现在，孩子也常常说："我爸爸最帅了。""我爸爸是世界上最好的爸爸。""我最爱我爸爸了。"就这样，琳的丈夫真的成为清单上那个好父亲了。

你越想自己的丈夫如何对孩子，你就越在一切细节上赞美他，这永远是最有效，也是最直接的方式。

一个父亲，当他为孩子做的每一件小事都被认可、都被尊崇时，他就会越来越乐意去做这件事，他也越来越为父亲的这个身份自豪，越来越享受当父亲的感觉。

04

父亲角色缺失的家庭中，当妈妈的很累也很苦。然而大多数缺席的父亲，不是不爱孩子，也不是不疼惜妻子。只是他不会，也不知道如何参与。

没有经过十月怀胎和生产之苦，很多父亲很难从一开始就对孩子产生浓烈的父爱。他们需要时间和成长，我们需要等候和接纳。这一切，真的很不容易。

《加拉太书》一书中写到：我们行善，不可丧志，若不灰

心,到了时候,就要收成。

当孩子喊着"爸爸,爸爸",奔向父亲的怀抱,而父亲微笑着,用宽厚的手掌一把举起孩子,那真是世上最温暖的画面。

每个父亲都值得等候,愿每个孩子都有父亲疼爱。

这些事情，
妈妈放手，爸爸来做

01

前些日子，和丈夫一起参加他十多年未见的初中同学聚会，一群人意外地被一个"超级奶爸"圈粉了。

同学爸爸们在一边叙旧，家属妈妈们带着孩子在另一边玩。

两岁的小女孩晨晨，和爸爸妈妈来得比较晚，有点认生。刚开始玩，就扯开嗓子大喊："爸爸。"晨晨爸爸瞬间就过来了，问："宝贝，怎么了？"知道女儿并没有什么事，他便柔声说："晨晨乖，和妈妈还有其他哥哥姐姐们玩着，有事叫爸爸。"

晨晨点头，一会儿又扯着嗓门大喊："爸爸。"和同学们正聊得欢快的爸爸，"腾"的一下又起身过来了。晨晨要爸爸抱，用小手指着门口。然后晨晨爸爸说："爸爸带你出去玩会儿吧。"就这样把一群老同学撂下了。这时，晨晨的妈妈说："孩

子就跟'爸宝娃'似的,非要爸爸,跟她一点都不亲。"

多少家庭,都是妈妈带孩子,更别说爸爸带着孩子参加聚会了,这里竟有一个随时围着女儿转、随时离开酒桌饭桌的"超级奶爸"。想了十多年终于一聚的同学情,也敌不过孩子喊一声"爸爸"。

哪个妈妈不想家中有这样的"超级奶爸",不想自己的孩子成为"爸宝娃"呢?也许,能做到这种程度的爸爸,太少了。但至少有些事,可以请妈妈走开,让爸爸来做。

02

在我们家,抱孩子是爸爸的事。他伸出宽厚的手掌,轻轻一托,就把孩子抱在怀里,举在肩头。孩子靠着爸爸的胸膛,脸趴在爸爸的肩上,特暖心。在商场走手扶电梯时,他就一手抱一个,孩子们紧紧搂着他,笑得咯咯的。打扮得美美的我,在一边看着他们,笑靥如花。

他也并非一开始就擅长带孩子,孩子刚出生时,软软的、小小的,他不敢抱,我鼓励他:"你比我更细心,肯定更会抱孩子,而且你手掌大,抱着孩子多舒服呀。"

很快,他就喜欢上了。半夜喂奶,总是他把孩子抱给我,喂完后他再抱着拍嗝。我又夸他:"你好厉害,每次一拍嗝就出来了,我都要拍好久的。"到最后换作是他嘱咐我怎么小心抱孩子。

现在，有时依依会更想让我抱，他也不忍心，我会坚持对依依说："宝贝，你现在很重了，妈妈抱着好累，爸爸抱着可舒服了。"

我也会对丈夫撒娇："丈夫，我抱着好累，你抱依依吧。"尤其是出门时，穿着高跟鞋的我，让他知道我走路不方便。久而久之，依依就不再挣扎离开爸爸的怀抱了，而是享受爸爸抱得高高稳稳的感觉。

平时，妈妈独自带孩子、抱孩子的时间比爸爸多，而大家在一起时，不妨把孩子给爸爸抱。

一位研究青少年问题多年的心理学老师讲："如果你不想让你的女儿早恋，就让她的爸爸多抱抱她。"因为他在调查中发现，90%早恋的少女恋爱，都是因为迷恋异性温暖的怀抱。

对儿子来说，爸爸的拥抱则可以给他安全感，让他获得更多的力量、鼓励和自信。

03

在我们小区，经常会看见有个爸爸带着儿子和其他小朋友一起踢球，特别投入，好像自己也变成了小孩。他也会带着孩子们玩老鹰捉小鸡的游戏，一个孩子当老鹰，他当母鸡，保护着小鸡们。孩子们的尖叫声，以及他和孩子们一起的笑声，很是令人动容。

果果和依依最享受的是爬到爸爸的身上，让爸爸把她们抱起

来转圈圈、举高高，或者坐着当摇摇车、滑滑梯，躺着坐飞机。两个孩子总是笑得合不拢嘴。

邻居孩子的爸爸，则常常带着孩子一起做创意手工，硬纸壳和纸箱做成很大的战舰，插上五星红旗，用废弃的电脑键盘做成电话号码牌，最厉害的是用易拉罐、几个旧玩具车的轮子，做了一个真会跑的火车，被孩子妈妈夸赞是"无所不能的爸爸"。

爸爸带着孩子做运动和游戏，活动量总是更大，运动总是更激烈，游戏总是更精彩，也更具有创意。

他们更会允许孩子们挑战，不会总是说："不要热到了，不要跑快了。"而是让孩子们尽情玩耍、运动，随意打闹、嬉戏，释放出最真实的儿童的天性，让孩子们身体和动手能力得到最好的锻炼，心灵得到最大的享受。

妈妈平时可以多给爸爸一些这样的机会，并且多夸奖爸爸说："你陪孩子打球的样子真帅。""你这么聪明，带孩子一起做游戏，孩子跟着你，也会变得好动脑筋的。"当爸爸开始行动的时候，也会越来越享受和孩子的这种亲密互动。

04

有个爸爸开了一个酒吧，平时很少有时间在家。为了调节酒吧的气氛，他有时会以主持人的身份，带大家玩游戏；为吸引顾客，他网购了一些反串女装，常在家里试穿，4岁的儿子都看在了眼里。

好几次幼儿园举行特色表演，儿子非要把自己打扮成小魔仙等女性角色，说是爸爸之前穿过，他和爸爸一样，都可以穿。他还说道："我有时是男孩子，有时是女孩子。当女孩子挺好的。"

孩子的妈妈把这事告诉爸爸后，爸爸认识到自己给了儿子错误的性别意识影响，当着儿子的面把反串装扮丢了，向儿子道歉："男孩子就应该穿男孩子的衣服，以后爸爸和你一起穿得像个男子汉。"

他也开始花更多时间和儿子在一起，让儿子在他身上感受到男性特征，并有意识地培养儿子的性别意识，给儿子买车子、变形金刚等玩具，还带儿子玩挖挖机等游戏。

有一次，儿子想和妈妈一起洗澡，他很有耐心地对儿子说："妈妈是女性，在里面洗澡，不能给别人看见，你想妈妈，就在门外站岗，保护妈妈好吗？"

现在，儿子的性别意识很清晰。还常常大声说："我和爸爸一样，是个男子汉。"不只是男孩儿，对女儿来说，从小培养她的性别意识，引导孩子与异性正确相处，爸爸也是最佳人选。

世界卫生组织研究成果表明：平均每天能与父亲共处两个小时以上的孩子智商更高，男孩儿更像小男子汉，女孩儿长大后更懂得如何与异性交往。

05

有一天，外出吃饭，被邻桌小孩的哭声吸引了。刚上桌，孩

子说要吃饭店自助的冰激凌,爸爸妈妈没同意,说吃完饭再说。孩子一听就哭闹起来,妈妈很生气:"说了现在不能吃就不能吃,哭什么哭。"这下孩子哭得更大声了:"我就要现在吃。"

妈妈气得想打孩子,但看着周围的人都盯着他们,又改口说:"别哭了,好了。"接下来的话大概是:"要吃,你就吃吧。但等会你要是不吃饭就给你好看。"孩子爸爸没让妈妈把这说出来,而是示意妈妈什么都不说了,让他来处理。

爸爸对孩子说:"等会吃完饭爸爸会让你吃冰激凌,但有个规则,如果你现在不好好吃饭,等会就没有冰激凌吃。现在爸爸妈妈要吃饭,不跟你说话了。你想哭多久都可以,反正吃完饭才有冰激凌。"

孩子继续哭,爸爸没理他,叫妈妈和他一起吃饭,两人都不看孩子,自顾自聊着天。结果两分钟后,孩子擦干了眼泪,自己爬上凳子,乖乖吃起饭来。吃完饭后问爸爸:"爸爸,我现在可以吃冰激凌了吗?"爸爸抱着他说:"可以。"

美国心理学家发现:一个人能够取得成就,20%取决于自身后天的努力,80%取决于他的父亲。作为孩子生命中"最重要的人",同样一句话,如果是爸爸说出来,那么这句话对孩子的影响力会是妈妈的50倍。

爸爸为孩子定规则,妈妈不必干预,也不用多说什么,更不用急着去执行规则,因为爸爸的话分量很重,爸爸也更不容易受情绪影响,能更理性、坚定地去执行,这是管教孩子最好的态度。

06

"爸爸,我现在可以喝酸奶吗?""爸爸,我能用这个吗?"爸爸在家时,果果什么都找爸爸。即使他不在家,果果也常说:"这个等我爸爸回来帮我。"小朋友到家里来玩,看见天文望远镜想玩,果果说:"等我爸爸回来教我们吧。""我爸爸可厉害了,什么都会。"在她心中,妈妈可是很多都不会的。

她想拧开一个盖子,我说:"哎呀,这个好紧,妈妈拧不动,请爸爸拧开吧。"她就屁颠屁颠去找爸爸了。她玩魔方,玩了半天也玩不好,请我帮忙,我更是抓住机会说:"这个太难了,妈妈根本就不会,请我们家的英雄爸爸帮你吧。"依依想吃饼干,我说:"请爸爸帮你打开吧。"她也左摇右摆地就去爸爸身边了。我也常在孩子面前对丈夫说:"丈夫,这个我都不会,你教教我吧。"

丈夫不在家时,这样的话也常见:"知道妈妈为什么会这个吗?因为是爸爸教我的。""我又不会弄这个了,还是爸爸厉害,等爸爸回来帮我们吧。"

这些话如今也成了果果的口头禅。而面对着依赖和需要他、并且奶声奶气喊着"爸爸,爸爸"的孩子,丈夫哪里忍心拒绝,总是乐意地放下手中的事,回应孩子的需求。

在孩子面前示弱,让孩子觉得妈妈不是超人,不会影响妈妈在孩子心中的形象,反而会让孩子有更好的认识:爸爸是家中的英雄,爸爸保护妈妈和我们,我们则尊重着爸爸,需要着爸爸。

当爸爸凡事被孩子需要和仰视着,被妈妈称赞和肯定着,他也总会更加燃起心中的保护欲,愿意主动去疼爱孩子和妻子,带给家庭更多的惊喜。

07

一位育儿达人说:在她小的时候,别的孩子放学后总是在楼下玩,而她总是被爸爸叫着回家和妈妈一起做晚饭。她问爸爸:"为什么别的孩子就可以玩,我却要在这里帮妈妈做饭?"爸爸说:"别人家是别人家的生活,在我们家,最重要的就是一家人在一起,而且做饭不是妈妈一个人的事,而是我们共同的事。"

渐渐地,她不再觉得不公平,也不再羡慕别的小朋友,而是享受放学回家后,和爸爸一起,在厨房一边给妈妈打下手择菜、洗菜,一边一家三口聊着天。

成年后的她,更是感谢爸爸给了她这样的教导,让她明白:家是最重要的场所,一家人在一起才是最重要的事,家人就是要在一起互相扶持、关爱。

亲子专家李长安是儿子心中真正的男人。有一回,儿子的同学到他家做客,非常羡慕地说:"你爸爸超帅,好赞。"一个帮着妻子一起做饭、洗碗、收拾房间,系着围腰,在家务、孩子、妻子中间团团转的男人,却在男孩子的眼里"超帅""超级男人"。

儿子问同学:"你爸爸不帅吗?"同学失落地说:"我爸一回家,就躺在沙发上一动不动看电视,好像不存在一样。"

后来儿子给爸爸写了一封感谢信,说:"谢谢你,爸爸,让我知道什么才是真正的男人。你是我做男人的榜样。"

爸爸以家庭为重,乐于和妈妈一起做家务,带着孩子参与,教会孩子享受家庭生活,不仅使一家人更有凝聚力,也让孩子有正确的家庭观,教会孩子更有责任心、有担当、会体恤人。

有些爸爸也许不喜欢或不擅长做家务,妈妈可以用柔和的语气请求爸爸帮忙做一些事,在爸爸做得不好的时候,也不指责爸爸,而是多鼓励爸爸,甚至夸赞他,让他越来越乐于参与。

08

专栏作家王怡有一次把儿子书亚抱在怀中,问他:"爸爸的宝贝是谁呀?"小书亚说:"我。"王怡说:"不对,爸爸的宝贝是妈妈。那妈妈的宝贝是谁呀?"小书亚这次声音小点了:"是我。"王怡说:"也不是,妈妈的宝贝是爸爸。那么,爸爸妈妈的宝贝是谁呢?"小书亚这下确定了,大声说:"是书亚。"王怡抱着他,大笑:"对啦。"

在孩子面前,王怡和妻子毫不掩饰对对方的爱和重视,时时让孩子感受到,妈妈和爸爸是彼此生命中最重要的人,而自己是爸爸妈妈共同最重要的人。

王怡常对小书亚说:"妈妈最辛苦啦,要尊重妈妈。"

书亚调皮或生气时会用玩具或手打妈妈,那是最不允许的事,准被他严厉教训。孩子尊重妈妈并非与生俱来,孩子需要被教导,教导的最佳人选是爸爸,最好的家庭教育就是爸爸爱妈妈。

知乎上一位作者讲:如果爸爸爱妈妈,同时教育孩子要像爸爸一样对妈妈好,孩子就会在言传身教中学会如何爱妈妈、尊重妈妈、孝顺妈妈。孩子也会更有安全感,更能学会担当与爱,尊重他人,从而拥有更好的人际关系。

每个孩子都呼唤爸爸,每个妈妈都渴望关爱。即使爸爸工作太忙了,陪伴孩子的时间确实有限,也请爸爸一定要主动承担这些事。即使妈妈已经习惯了自己带孩子,也请试着在这些事上走开,让爸爸来做。

愿所有的家庭里,都有一个用心的爸爸,一个快乐的妈妈和最幸福的孩子。

告别"手机瘾",给孩子更用心的爱

01

微信群、朋友圈曾传开一个揪心的视频:女孩妈妈抱着大哭的孩子,孩子的左膝盖以下已经完全没有了,鲜血直流。作为两个女儿的妈妈,我实在没有勇气打开视频,单单看图片,就心痛不已,孩子撕心裂肺的哭声仿佛就在耳边。

小女孩为什么会被城市公交车碾压受伤?网络上有的说是因为妈妈在街上看手机的后果。因为父母玩手机,孩子出事的例子太多了,例例戳人心。就在这事发生前不久,还发生了一起因父亲看手机,3岁儿子被货车碾压身亡的悲剧。

美国耶鲁大学一位研究生认为,随着智能手机功能不断强大,父母在陪孩子玩时,其实更多的时间花在用手机玩游戏或浏览网页上,而不是盯着孩子避免遇到危险。

完全信任和依靠父母的小孩子，怎么可能知道和父母在一起，竟然也会遇到危害，甚至丧失生命？

02

父母带孩子的时候玩手机，即使没有给孩子的生命造成危险，也会对孩子的心灵产生巨大的影响。

两三年前，我国首份《国民家庭亲子关系报告》指出，我国家庭亲子关系存在七大主要问题，其中一项就是手机正分散父母陪伴孩子的注意力，有17.8%的父母在与孩子共处时常看手机，而51.8%的父母会偶尔看手机。而今天，这个数据远超从前。

光明网曾报道一个案例，80后公务员文丈夫在微信朋友圈公布的8岁女儿苗苗的日记，令人心酸，"今天晚上，妈妈本来应该在睡前讲个故事的，但是她在讲故事的时候，又玩了4次手机，讨厌。""爸爸为什么在吃饭的时候还在看手机，我本来想告诉他，我今天拿了个红花的……"

苗苗说，这种情况她的大多数同学都会遇到。父母无论在干什么，手里都会攥着一部手机，有些同学的父母就是在陪他们玩的时候，也一定会抽出一只手，看手机……

北京卫视某档节目其中的一段视频，我看一次哭一次：7岁的浩浩要唱一首歌曲《父亲》，献给爸爸。在后台，古巨基问浩浩："为什么会选这首歌。"浩浩说："我要告诉你一个秘密，就是我爸爸是个爱玩手机的人，他是手机控。"

接着浩浩就演示起来,"爸爸,你觉得有意思吗?"

"肯定有意思,没意思我怎么会玩。"

"你陪我玩吧。"

"你等一等。"浩浩学着爸爸,两手举着手机打游戏。

过一会儿浩浩又进去,"爸爸,可以玩了吗?"

爸爸说:"一局很长。"接着继续玩手机。

浩浩失落地对古巨基说:"其实我现在知道了,他让我等就是不想陪我玩。"

躺在床上,坐在沙发上,爸爸随时都在玩手机,好长好长时间都是这样,很久没有带他出去玩过,这是爸爸在浩浩心中的形象。到台上后,主持人问:"被爸爸拒绝的时候你怎么想?"浩浩终于哭了,他抹着眼泪说:"就是想,为什么爸爸会拒绝我?"

浩浩说他是因为"多想和从前一样牵你温暖手掌"这句歌词才选了《父亲》这首歌的。他说,只记得爸爸在他很小的时候牵过他两次手,而那仅有的两次,爸爸却不记得了。

这个节目终于让爸爸认真听了他的心声,流着泪听完整首歌。爸爸牵着浩浩的手说:"你能原谅我吗?那你以后监督我改,好不好?"

古巨基说:"孩子10岁之前的变化是很大的,你错过了就是错过了,你抓不回来的。"

03

  研究儿童心理的一位医师说，父母在陪伴孩子的时候玩手机其实是一种"冷暴力"，是对孩子感情上的冷漠，当孩子有沟通欲望的时候，父母只顾玩手机，孩子就有被忽略的感觉，甚至认为在父母眼中，自己没有手机重要。不仅如此，将来，孩子也会沉迷于手机。这些道理父母不知道吗？其实都知道。只是控制不了自己。

  好友晓玲说，她也不想在带孩子的时候玩手机，可是她忍不住。孩子早上醒了叫妈妈时，她还常边看手机边走到孩子身边。

  陪孩子玩不到两分钟，就习惯性地摸出手机，在群里爬爬楼，刷刷朋友圈，逛逛淘宝。

  孩子和她玩的时候常喊："妈妈，你别看手机了嘛。""你怎么又在看手机？"她说："噢，好，妈妈不看了。"可心还是被手机牵扯着，很快又会去打开看了。很多父母不是不爱孩子，不是不想放下手机全心陪孩子，只是得了"手机瘾"。

  搜狗百科上关于"手机瘾"的表现：从来不关手机，40%的人24小时手机不离身，83%的人睡觉时把手机放在床边，这些都会对身体造成不同程度的伤害；常常一边走路，一边发短信；利用手机来避开一些社交活动，15%的人承认，如果不想和陌生人交谈，他们会拿出手机来；超过50%的人喜欢以虚拟的形式交谈胜过面对面交谈；每次出门必带手机，每天会用手机登录网络聊天工具或者浏览网页；上厕所时也要带着手机，40%的人在上厕所时接过电话；半夜起床接电话或用手机上网；宁愿玩手机而不愿看电视；一天没用手机会魂不守舍、精神恍惚。

看到这里，有很多父母发现自己已经中招了。在带孩子的过程中，还忍不住看手机的父母，大抵都属于F型强迫行为性手机成瘾症，即不可自控的随时关注手机。甚至有人调侃"没有手机，上厕所都费劲"。

数据报告显示，普通人平均每天会看手机150次，去掉每天睡眠的时间，在醒着的时间里平均每6.5分钟会看一次手机。

是"手机瘾"让我们没有尽到作为父母的职责。

04

爱孩子，就让我们一起告别"手机瘾"，在带孩子的时候，彻底放下手机，怎么做呢？行为心理学上，有一个"21天效应"，即一个人的动作或想法，如果重复21天就会变成一个习惯性的动作或想法。

根据我国成功学专家易发久研究，习惯的形成大致分为三个阶段：第一阶段，1～7天。此阶段表现为"刻意，不自然"，需要十分刻意地提醒自己。第二阶段，7～21天。此阶段表现为"刻意，自然"，但还需要意识控制。第三阶段，21～90天，此阶段表现为"不经意，自然"，无须意识控制。

有位父亲至今已坚持7年的时间，每天用1个小时全心陪伴孩子，而其余时间只要和孩子在一起，也不会随时看手机，习惯已

经养成了,没有瘾,就觉得不看手机是非常轻松自然的事。

爱孩子的父母,都可以来参加这个挑战:一起用21天的时间养成一个习惯——为了孩子告别"手机瘾"。那我们应该如何做呢?

(1)下定决心是最好的开始

若不是我们自己有这样的意识和觉悟,旁人的提醒和要求再多,也无济于事。有人说:"果断做出决定,可以使你不再为自己找借口,在很短的时间里让自己彻头彻尾地改变。可以说'决定'是一切改变的动力。"

俄国作家列夫·托尔斯泰说:"决心就是力量,信心就是成功。"

为了我们将来不后悔,不酿成终身大错,为了孩子的身心健康,我们一定要给自己这样一个决心:和孩子在一起的时候一定放下手机。手机不看就不看了,孩子没了或伤了再后悔可就来不及了。

(2)进行手机内容"断舍离"

很多父母都说,自己总是随时在微信群里爬爬楼,点看朋友圈,瞧瞧抖音,打局游戏,看会儿小说,即使自己从中并未获得什么。

最好是父母能够针对自己最常用、最容易吸引自己的部分进行"断舍离"清理,删除非必要的微信群和应用程序,隐藏朋友圈发现页等,一切不能使我们的生活真正变得更好的都不保留。

（3）提前约定工作联络时间

有个当妈妈的淘宝店家，自己的店面页面上明确地写着：因带孩子，所有消息晚上10点后回复，有需要尽量自购。

若是工作与手机相关，不愿失去很多机会，可以跟对方约定业务沟通时间，也可以提前在朋友圈说明，自己什么时间段在陪孩子，无法及时回应，请见谅。

用心陪伴孩子的父母，会给人更多的责任感与担当感，让人更信任，也更愿意合作。

（4）把聊天的对象换成身边的家人

有的父母已经习惯了看见新闻、有生活琐事、发表感想，就在微信群里聊，在朋友圈表达表达，或者跟微信上的好友聊一聊。在手机里说多了，和家人的话自然就少了。

我们需要刻意练习，当我们有任何聊天的欲望时，都把那些想打在手机里的话摁住，先讲给身边的爱人和孩子听。

久而久之，我们会更享受家庭生活，喜欢一家人聊天的感觉，对手机的依赖感就会降低很多。

（5）全家一起制订计划

妈妈邀请爸爸坐下来，甚至稍大点儿的孩子也可以一起参与讨论，制订详细可操作的计划：平时上班的父母，下班接到孩子或回到家后，就把手机放在最里屋的小抽屉里；不上班的全职妈妈，只在孩子睡着的时候玩手机；一家人带孩子外出时甚至也不必带手机。

这些时候手机一定不要放在身上，否则不自觉地就想要掏出

来看一看。最重要的家人不就在自己身边吗？哪里有更重要的事非看手机、手机非开机不可呢？

（6）相互监督

有了决心，有了计划，有了坚持的渴望，还需要相互监督。我曾对果果说，孩子要尊重父母，不能对大人用命令的口吻说话，但有一件事例外。就是当妈妈看手机的时候，你有这个权利要求妈妈不许看，甚至给妈妈拿走。

父母之间，父母和孩子之间，都给彼此一个权利，就是当我看手机的时候，你可以提出来，甚至可以拿走，放在我们已经定好的位置。

（7）实行奖惩

在做计划的时候，一定要制定出奖惩措施，比如做爸爸的如果今天陪孩子时看了手机，那今天就不能看世界杯了，或者下次不管什么时候的应酬就不能出去了；做妈妈的如果看了手机，那本来约好的周末出去放松一两个小时就取消了；谁看了手机，或者夫妻俩谁看的次数多，谁当天晚上带孩子睡觉；还可以把家务活列出来，写好，看多少次手机当天得做什么样的家务，等等。

当天和孩子在一起，一次没看手机的，可以得到奖励：如为对方做一次按摩、捏脚；陪对方说会儿贴心话；买个小礼物，等等。都要提前写出来，并落地执行。

（8）用台历表记录21天

妈妈可以做一个大一点儿的21天台历表，甚至可以一天一页，用A4纸也可以，图文快印公司和网上都可以打印制作，当天结束后和爸爸一起记录这一天的情况，讨论、反思、成长。完成后的台历本也可以作为送给孩子的礼物，值得孩子一生珍藏。

21天结束后，习惯养成了，就会发现我们和孩子的关系更加亲密了，孩子也更有安全感了，而我们也成为了更好的自己，享受了更美、更自由的生活，有了更幸福、更快乐的家庭。

若是21天到了，还没有养成习惯，那再制作一本台历，再继续坚持21天。我们不仅要让孩子知道，更要让孩子感觉到：我们是真的爱孩子，手机远远没有孩子重要。

我们要用行动告诉孩子：亲爱的宝贝，虽然爸爸妈妈有时做得不够好，常常因为手机忽略了你，但请你相信爸爸妈妈是真的爱你，我们也一直在努力成为更好的父母，给你真正感受得到的用心的爱。我们真的愿意改变，告别"手机瘾"，就从这21天的坚持开始。谢谢你一直在等待爸爸妈妈，我们永远爱你。

妈妈的态度，
能使隔代育儿变为一致育儿

01

果果小的时候，是婆婆在我们家帮着我带的，什么都不让我们操心，里里外外一把好手。婆婆性格外向、开朗，和谁都聊得来，手机通讯录里有我好友的微信和电话。好友发的朋友圈，婆婆点赞和评论最积极。还时常打电话邀请好友："最近忙不忙呀，到我们家来找小羊玩，也来看果果哦。"不管谁来做客，婆婆都热情地准备一大桌美食。

好友提到我婆婆都赞不绝口，常常感叹："你和你婆婆关系真好，不像我们，育儿观念完全不同，说了也不听，能不吵就是好的了。""我婆婆对我说话都难听，还指望她对我朋友们说话好听？只有你遇到绝世好婆婆了。"

自古婆媳相处难，能躲多远就躲多远。可是大多数中国式家庭，生娃后都是婆婆帮着带孩子。这样一来，躲也躲不了。若有先见之明，选丈夫时先选个好婆婆，多好。

02

出乎很多人的意料，我和婆婆并非一开始就其乐融融，我们也曾经历过凡事争执的闹心阶段。

比如，孩子在医院睡婴儿床睡得很好，婆婆第三天非要把孩子抱出来睡在她的手臂上；我想给孩子买婴儿床，婆婆坚决不同意，我刚开口说了一句就被完全打压下去；我想晚上自己带孩子睡觉，婆婆一定要带在她的身边，和她睡一个房间；孩子白天在我们床上吃完奶，边玩边睡觉，婆婆听见孩子还在发出咿呀声，不顾我拦阻，非要把孩子抱出去，等孩子困得不行了再抱着睡觉；我不让婆婆给孩子把尿，婆婆则不愿给孩子穿尿不湿，常常背着我给骨头还没长好的孩子把尿，为这话题我们不知吵过多少次；孩子偶尔感冒有点流鼻涕，我想先让孩子的身体自己抵抗，提高她的免疫力，婆婆却很慌张地要马上给孩子喂药甚至打针输液，一定要抱着孩子赶往省城的大医院。

孩子大点儿了需要管教，婆婆说："让她这样嘛，管那么严干嘛。"孩子上幼儿园了，不论白天夜里随时都喝奶粉，长得比大她两岁的哥哥姐姐还重，牙齿也长了奶瓶釉；晚上还要抱着睡觉，说了很多次不能再这样了，可婆婆却说："她要这样，我有什么办法。"想培养孩子午睡的习惯，婆婆说她睡不着就不睡

吧,还常常中午把孩子带出去玩。和婆婆同住的每一天,我都曾苦不堪言。

婆婆为了我们这个家做了很多,任劳任怨。可是我却巴不得婆婆一样也别为我们做。我自己再忙再累,总没有人反对我,总可以完全按我和丈夫的意思养育孩子,身体累一点没什么,至少心情可以很轻松。

哪像现在,几乎从早到晚,我必须随时想怎么回应婆婆的质疑,怎么争辩让婆婆同意我的话。心,太累了;烦,太多了。

03

那时,在妈妈群,大家都各自吐槽自己的婆婆,有人说:"原来我们的婆婆都一样啊。每次争吵的话题都是奶够不够、衣服穿多少、辅食放不放油盐、穿不穿尿不湿。"这话在不经意间触动了我。

既然所有争吵的话题都是围着孩子,那我跟婆婆不谈孩子,是不是就可以不再争了?我太想结束这种和婆婆随时起争执的紧张的生活状况了。

以前,见到婆婆我的话是"孩子怎样怎样",现在硬生生憋回去,把话换成:"妈,您昨晚睡得好吗?""最近跟您的好朋友们联系没有呀?""您的身体最近感觉如何?"

不知不觉,时间过去了一个多小时,我突然想到:咦,聊了这么久,我和婆婆竟然一点剑拔弩张的感觉都没有,以前可是每句话都针锋相对的。

我婆婆担心奶不够,我说:"原本奶水就够,有您在伙食开得好,奶水肯定更多啦。"

不仅我自己不主动谈,我婆婆只要一谈,我也把话题都给绕回去,绕到她的身上,夸她,谢她。

从最开始的刻意和别扭,到后来竟然很自然,我的眼界从生娃后第一次打开。以前,每天我跟婆婆随时说的话题是:孩子怎么样了?孩子在干什么?孩子有什么进步?一切都围绕着孩子。眼里也只有孩子,只想着照我的意思养孩子,只顾着想理由争辩。哪里关心我的婆婆如何。

现在,我第一次对我婆婆的过去感兴趣,即使听她反复描述也不再打断。也更加体贴她,会更多地在意她的身体如何,心里的感受如何。

婆婆腰痛,有人介绍了另一个城市的一家医院。若是以前,我根本不会在意。但现在,已经能够"看见"她、习惯关心她的我,坚持要陪她去看看。

婆婆说:"大热天的,还要带着两个孩子奔波,太麻烦了,我自己赶车去就可以。"

我想的却是:大热天,她一个人转几次车,要是中暑了怎么办?反正孩子坐车上,也没有关系。

到那家医院时,人太多,她在医院坐着等叫号,我就带着两个孩子在旁边的小区边玩边等,快叫到她时,我们再过去陪她。

我对婆婆越来越能感同身受了。离开二十多年的森工局老

同事们联系上她,她兴奋不已,我也为她开心。支持她与她们相聚、邀请她们到家中来玩。听她讲她们以前的趣事,讲每个人,讲他们整天微信群聊天的内容。

不知不觉,我们家的"隔代育儿"苦恼竟然消失了。

04

我越来越真心地觉得:我婆婆太好了,真是一个超级好婆婆。

除了她依旧任劳任怨地为我们做事,更重要的是,孩子已经完全按照我和丈夫的意思来养育了,再没有了"隔代育儿"的烦恼。即使是小到穿衣、吃饭等,我婆婆也都尊重我们。

孩子闹脾气,我管教孩子时,婆婆默默地任我管教。我对孩子说什么,她事后也对孩子说什么。

依依出生后,婆婆主动为依依买了婴儿床,后来依依大了从婴儿床上摔下过一次,婆婆就马上买了更安全的游戏床,也方便我们带着孩子出去游玩时用。

她不再介意给孩子穿尿不湿,还主动买了几大袋放在那里。遇到有人说:"老二没有老大小时候胖,是不是奶不壮人啊?"没等我回答,婆婆就说:"不是哦,奶很好,是老大长得像爸爸,老二长得像妈妈。"我的婆婆,就是那令人羡慕的"别人家的婆婆"。

心理学讲:内心缺乏自信的人,更容易通过言行去控制他人。其实，婆婆和我们同住时，掌控的心正是来自于她缺乏信心，没有安全感。

尤其是婚姻不幸福或者是单亲家庭的婆婆，把太多的依靠寄托在儿子的身上，当儿子有了儿媳，有了孩子后，对母亲的关爱已经减少得太多了，这时候她心里会越来越缺乏价值感，在内心深处她是孤独的，她渴望被关注，被认可。

当儿子儿媳的注意力几乎都在孩子身上，话题也都是孩子时，婆婆需要的存在感，使得她忍不住地会和我争辩。而只有在她争赢了的时候，她才会觉得自己有价值：看，还是我说得对吧。

我们越关注孩子，这样的争执就会越激烈，因为孩子已经成为我和婆婆唯一的交点。然而，当我眼里不再只有孩子，开始跳出"孩子"的话题，而是尝试去谈论婆婆，"看见"婆婆，聊她感兴趣的事，一切都会不同了。

此刻，我发现，她的内心也可以那么柔软，竟也会轻易地放手，不再掌控，愿意尊重我们的意见，甚至还会向别人介绍我们的育儿理念。

感受到被关注、被理解的她，再也不必通过争执来满足她内心的价值感了。

我们的婆婆，也能是开明的、通情达理的好婆婆。而并非就一定是那个凡事与我们唱反调、让我们愁苦的王母娘娘。

05

在我辞职回家全心带两个孩子后,婆婆回老家了。但她时不时就给我打个电话:"你那篇二胎的文章写得真好,我还专门发给你王阿姨了,她女儿刚生了老二,让她们跟你学学,看你把我们家两个宝贝带得多好。""你的文章我又转发到朋友圈了。"我的心里顿时升起一股暖流。

我现在已完全成了我婆婆的崇拜者,她认可我的育儿理念,还给身边的亲朋好友推荐。

有时,她也会来我们这儿小住一阵子,但她只是帮着买买菜、做做饭之类,怎么带孩子怎么教孩子,她全都不再操心了。

与老人同住时,特别是老人帮着带孩子,隔代育儿,分歧不断真的是让人很难受,也总担心给孩子不好的影响。但这隔代育儿的分歧归根结底,都是一个"爱"字,因为我们爱着共同的人,但这因爱而起的纷争实在不值得,反而让我们一起爱的对象苦恼、为难、疑惑。所以,我们不妨换一种思维、眼光,去在意老人的需要,去理解他们不过也是需要被爱、被关心、被关注、被肯定的人,看见他们柔软的心,一切都会不一样。

你要爱丈夫、孩子,也要真心爱你的公婆和父母。这样的爱才会在任何时候都不成为你们争执的原因,反而会成为你们生活中的润滑剂,使你们和睦、快乐。所以,隔代育儿,也能变成一致育儿。

说好谁都不再比较，
你们的孩子独一无二

01

综艺节目《现在来告白》有一期来了两个女孩，小玉和小闵。她们是从小一起长大的好朋友，小玉家经济条件比较好，小闵家一般，小玉经常带小闵回家玩，什么都愿意跟小闵分享。

两人原本好得像一个人，后来却出现了越来越深的隔阂。原因竟出在了小玉的爸妈身上。他们很喜欢对小玉说："你看人家小闵，学习成绩多好。""小闵比你懂事太多了，吃完饭就帮着妈妈收拾碗筷。""你多学习学习小闵。"说这些话的不是爸爸，就是妈妈。

小玉的心就这样一点点在这比较中有了变化，觉得小闵是故意在爸妈面前表现的，让爸妈不喜欢她。

长大后，小闵谈恋爱了，小玉乘着小闵和男朋友冷战的时

候,凭着她的经济条件,把小闵的男朋友抢了过来。她觉得自己哪里都不如小闵,唯一能比的就是比小闵更有钱。

在台上,两人从开始为了一个男人针锋相对,到最后袒露心声,彼此痛哭。小玉终于明白:爸爸妈妈其实是爱自己的,只是为了鼓励她,才总是把她和小闵比较。

畅销书《怎么说孩子才能和平相处》中写到:比较是一件危险的事。

如果没有爸爸妈妈不断的比较,小玉怎么会开始恨小闵,甚至去抢她根本就不爱的男人。而这一切不过只为了证明自己也能比得过小闵。

02

子欣的幼儿园需要每个小朋友买一株小植物带到学校,子欣妈妈带着子欣到花店。子欣挑来挑去,选中了一个躲在角落里的不起眼的小盆栽。

店家一看,说:"这盆不太好,你看都焉了,送给你都可以的。幼儿园让买,就要买大点的,和别的小朋友的放在一起才好看。"随后店家拿出几个大点的、看着茂盛的盆栽给子欣选。可子欣都不喜欢,就要她手上那个长在土里一小点、还焉了歪歪扭扭的,瓶子也很不起眼的小盆栽。

店家说:"那就2元卖给你吧。"然后洒了点五颜六色的土在上面。

子欣捧着那个连名字都很怪僻难记的小盆栽，高高兴兴地去等校车。

子欣妈妈跟子欣说："宝贝，这个小盆栽虽然阿姨说不好看，但是你喜欢它，也选择了它，它对你就是特别的，是独一无二的宝贝，你要好好爱护它，也不用跟学校里别的小朋友的盆栽比较，即使别的盆栽高大又显眼，那也没什么关系。"

虽然这个小盆栽在所有的植物中看起来那么不起眼，那么不好看，可是子欣还是选择了它，认定了它，小心翼翼地捧着它。它被子欣领养了，它就是属于子欣独一无二的。

03

妈妈带苹苹去广场画画，苹苹选了一个苏菲亚石膏，认真地画着。但苹苹还不太会画，用五颜六色的颜料涂得乱七八糟，都看不清苏菲亚的脸和身子了。

等她画完后，一家人要离开时，苹苹妈妈说："宝贝，我们不要这个了吧。"苹苹坚持要，像珍宝一样捧着，还让店家喷了定型喷雾。提在手里，很高兴。

回到小区，遇见好朋友也想要苏菲亚石膏，苹苹妈妈就提醒苹苹，家里有个上次她和奶奶一起画的苏菲亚，而且那个没画乱，很漂亮，让苹苹把手里这个送给好朋友。

苹苹说："我可以把家里那个给她。"回家就找出那个画得漂漂亮亮的苏菲亚给了好朋友。两人都很开心。

每天看着她那丑丑的看不清脸的苏菲亚,苹苹很喜欢。但有一天,不小心把它打碎了,头和身子分开了。苹苹妈妈想这下苹苹不会要了吧。

哪知她说:"妈妈,你帮我把她修好吧。"用透明胶给苹苹粘上后,苏菲亚更是不忍直视了。但苹苹依然当宝贝一样,捧着它和她玩。还说最喜欢这个苏菲亚了。

尽管在我们看来,这个比不上另一个,那个值得留下,可是这一个才完完全全是她自己画的,别人看着再不好,对她来说却是唯一的、特别的,是她付出了感情和精力去珍爱的。

04

我们的孩子不就是如此吗?无论他们好或不好,耀眼或者平凡,只有他们,是我们的孩子;只有他们,是我们愿意付出所有去珍爱的。只是我们失去了小孩子那样单纯的心,很容易忘记他们是特别的、独一无二的,轻易地就会去和别人做比较。

比如,孩子闹腾了,会想,为什么他(她)不像别的小朋友那么安静呢?孩子成绩不尽如意,会说,看看你同学成绩多好。甚至会比较说:你同学比你长得高,长得胖,吃饭吃得更认真,更懂礼貌。

潜意识里,如果可以,我们希望孩子是别人家孩子那样的。就算他身上有优点,但我们也希望他(她)能像别人家孩子那样处处都是优点。

如果孩子也像植物或者石膏可以选和换,难道我们都会把自家孩子换成所有人看着都认为是最好的那一个?如果不会,那为什么我们看着孩子的时候,看不见他(她)独特的特质,而只去看他(她)和别人的差异呢?

05

尼克·胡哲出生后,没有双手,也没有双脚,父母极其惊恐震惊,4个月后才接他回家。回到家,父母做了一个重大的决定:把他当正常孩子来抚养。

尼克的童年过得虽然辛苦,但也很快乐,直到他上小学,同学们把他当怪物一样看,他这才深刻地意识到自己和别人不一样,他会把自己和同学比较。因此,他开始心生愤怒、埋怨,甚至想放弃自己的生命。

然而他的爸爸妈妈却始终如一地爱护他、支持他、鼓励他。他们从没有把他和别人比较,更没有觉得别人家健全的孩子比尼克更好,反而一直觉得尼克是独一无二的珍宝,相信尼克本身就很棒。

这份爱与坚定让尼克变得积极、幽默、开朗、乐观,他不仅学会了骑马、游泳、冲浪、打鼓、踢足球,还拥有了两个大学学位。不仅如此,他还担任了国际公益组织"没有四肢的生命"的总裁,创办了自己的演讲经纪公司,同时还投资房地产和股票。年轻的他已踏遍世界各地,接触逾百万人,激励和启发着他们的

人生。如今，他还有了深爱他的妻子和两个身体健全的孩子。

绘本《你很特别》中，木匠伊莱对木头人胖哥说："我爱你，因为你是我创造的，你很特别，你不需要和别人比较，你就是与众不同的。"

当我们看自己的孩子时，不也该是如此吗？不和别人比较，甚至不和他的兄弟姐妹比较。看着哪个孩子，就被哪个吸引，明白他（她）就是你独一无二的创造，世界上只有一个他（她），再没有谁和他（她）一样。就算所有人都看他（她）不够好，但在爸爸妈妈眼里，他（她）就是最好的，无可取代的。

当我们不把孩子与他人作比较了，才能发现孩子的优点，才能照着孩子的特性去引导他们，管教他们，爱他们，才会给他们笃定的安全感，也才能激发出他们最大的才能。

让他们知道，爸爸妈妈爱他（她），珍视他（她），不是因为他（她）如何优秀，不取决于他（她）的表现、他（她）的外在，而是因为他（她）是我们的孩子，我们为他（她）付出了爱与精力，仅此而已。

愿所有孩子在父母眼里都是独一无二的珍宝，无须比较，他（她）就是最好的，最值得珍视与喜欢的。愿所有的爸爸妈妈都约好，也彼此提醒，谁都不把自家孩子与别人比较，给孩子最好的、最特别的爱。

大宝小宝和睦相处，这点很重要

01

从幼儿园接回果果后，让她和妹妹在小区里玩。果果看着妹妹，开心地笑着跟身边的小伙伴说："这是我妹妹依依，我依依最乖了。"就连到我们家玩的姑姑都觉得暖心："果果随时说的是'我依依'呢。"

果果特别爱妹妹，没事就抱着妹妹亲，像护宝一样地护着妹妹。我带着依依送果果去上幼儿园："妈妈把你交给老师，让妹妹在安全座椅上等一小会。"果果说："不要，免得妹妹被别人抱走了。"牵着她们过马路时，果果说："妈妈，你快把妹妹抱起来，免得她被车压扁了。"

去年我带着她和依依去买菜，邻居奶奶好心帮我推依依，好让我在摊子上挑菜。太阳有些晒，奶奶就推着车往前走了点，想

找一处阴凉的地方。在我身边的果果看见了,边哭边大叫着跑去咬奶奶的手。

我在厨房做事,她们在房间里玩,玩着玩着果果突然跑过来着急地大喊:"妈妈,妹妹吃了个小的。"我过去一瞧,依依嘴里含着一个小零件,我急忙给抠了出来。

早上我正洗澡,果果起床敲厕所门:"妈妈,依依也醒了。"

"可以帮我看着点妹妹吗?"

"好的,妈妈。"

等我洗好澡出去,看见果果把妹妹睡的游戏床的拉链拉开,让妹妹钻了出来,两人正在玩玩具,顿时好感动。

我常想,生下小宝,是我们夫妻俩做出的一个非常正确的决定。甚至有时幸福感太强,还会有种念头:早知这么美好,真该早点生二胎。

02

有相同感觉的妈妈似乎很少。在我们二宝妈妈群里,很多妈妈都烦恼:老大说,妈妈不要他了。说弟弟抢了他所有的爱,希望把弟弟退回妈妈的肚子里;老二才出生,感觉老大好孤单,每天写完作业吃完饭就自己去洗澡,然后就去睡觉了,以前还和我说说话,现在我们都围着老二忙,没时间管老大,看着老大心里很难受;我们老大让我头疼,不顺心了还要打人,小小年纪现在脾气大得很;大的情绪反常,很难接受小的,甚至欺负小的,小的哭闹不止，大人又气又吼后，静下心来，又心生内疚……唉，说多了都是泪，等等。

我见过情况最严重的，是一个亲戚家，姐弟俩相差三岁多。以前，姐姐在家里可受宠了，整天被抱着哄着，在小区里如果被别的小朋友不小心碰到了，爷爷就会很生气，心疼得马上带她回家。当弟弟出生后，情况就不一样了，弟弟整天被抱着哄着，姐姐就成了"恶姐姐"。

"真的太气人了，整天就知道打弟弟，这么粗鲁，以后嫁都嫁不出去了。"曾经最疼她的奶奶一说起她，就气得牙痒痒。

有一次在外面，姐姐一定要抢弟弟的帽子，妈妈和奶奶特别生气，说："你太坏了，不要你了，我们只要弟弟。"然后就抱着弟弟往前走。姐姐哭着追了好久，没人理她。

早知如此，还生二胎做什么？只有一个的时候，全家疼爱，个个开心。多了一个，大的可怜，小的老被欺负，也可怜。做父母的，心好累。

03

这些，其实我们家也全都经历过。月子里，依依的婴儿床放在主卧，果果由奶奶带着睡觉。晚上，该给依依喂奶了，可果果赖在房间里玩，不出去，还到我身边嚷着："妈妈抱。"

我不耐烦地说："妹妹要睡觉了，明天再玩。"

果果哭着，一边挤妹妹一边说："偏不，偏不。"

我推开她,她哭着要打妹妹,我气得直叫奶奶赶快把她带走。

有一次,果果不听劝,在我们床上跳,差点压到躺着吃奶的妹妹,一怒之下,我打了她。

还有一次,依依呛奶,我就让她趴在我肚子上吃,果果看见了也非要趴在我肚子上不可,丈夫怕我剖腹产的伤口裂开,一把将她掀开,并"啪"地打在她屁股上,她哭得声嘶力竭。

生下小宝后,我们第一次打了大宝,还忍不住地随时吼她。我们烦恼:曾经那个让我们看见就喜欢、舍不得打骂的孩子,怎么突然就这么令人讨厌,一点都不可爱了呢。

慢慢地,果果开始不进我们房间来玩了。有时奶奶进来,她会跟着进来,但不再来床上了,而奶奶出去她也跟着出去了。她也很少笑了。

果果对奶奶说:"我不是爸爸妈妈的宝贝了,我是奶奶一个人的宝贝,妹妹才是爸爸妈妈的宝贝。"听到这些,我的心像被扎了一样疼,这时才想起我和丈夫的约定:生下依依后,我们一定要比以前更关心果果,更爱果果。怎么现在就忘了呢?

我们忘了多了一个妹妹的她,更需要爸爸妈妈给她足够的安全感;忘了还不到3岁的她,也还是一个需要爸爸妈妈疼爱和关注的小小孩。

04

我开始花更多的时间陪伴她。只要依依一睡着,我就起身到客厅陪果果，给她讲故事，和她玩游戏。有时依依吃奶果果要我抱，我也不再推开她，而是伸出一只手来抱她。

即使依依醒着，大多时候也可以让她自己在婴儿床里玩，我们要更多地陪着果果。依依大些了，我就一边抱着她或用车推着她，一边看着果果，听她说话，并及时回应。

某天，果果说："我是爸爸妈妈的宝贝，妹妹也是爸爸妈妈的宝贝，妹妹也是我的宝贝。"甚至有几次对我说："妈妈，你再给我生个妹妹吧，我喜欢妹妹。"

依依慢慢地开始会爬、会走路了，需要我们更多地关注时，果果也很开心乐意让我们照看妹妹。

其实并没有欺负小宝的大宝，只有没被爱够的孩子。

05

有妈妈说："老二太小，当然精力全部在老二身上，告诉老大他小时候也一样。"有妈妈回复："说过了，没用。还是黏人，爱哭，打弟弟。"这没用，正是我们二宝家庭常见的误区——弄反了两宝的需求，也是大宝爱哭闹、不爱弟弟妹妹的根本原因。那我们应该如何正确对待两个孩子呢？

（1）别再弄反两个孩子的真实需求

小宝出生后，我们很容易一家人全都围着小宝转。那一瞬间我们都觉得大宝已经长大了，应该懂事了，不用再花那么多心思来照顾了。或者我们全身心地照顾小宝，却把大宝丢给了老人。

马斯洛需求理论说：人的需求分五个层次，分别是生理需求、安全需求、社交需求、尊重需求和自我实现需求。

其实，作为婴儿的宝宝，生理需求和安全需求远大于其他需求，反而大宝此时因弟弟妹妹的降临，心理会产生落差，这使得大宝此刻爱与归属的需求更强烈。

小宝才出生，睡觉的时间很多，醒着的时候也可以自己躺着玩，而这时候的大宝才是我们应该花更多精力陪伴与重视的。大宝需要在我们的关注中，知道弟弟妹妹出生后，爸爸妈妈依然很爱他。

（2）没有自然而然会当哥哥姐姐的大宝

心理学研究证实：幼儿阶段充分被爱的孩子，能更好地建立安全感，其人格发展将更完善，更容易获得幸福感，也才能更具备爱人的能力。反之，从小被忽视、冷漠、缺乏幸福感的孩子，会导致人格障碍，使其对社会产生仇视，从而引发各种失范行为。

有了小宝后，我们常常忘记：大宝也仍是一个孩子，一个需要爸爸妈妈疼爱的孩子。我们也会想当然地把大宝变成了哥哥姐姐，变成了要去照顾弟弟妹妹的懂事的大孩子。自然地，就要求大宝用和我们一样的心态去看待小宝。而当大宝没有如我们所愿接纳和爱弟弟妹妹，甚至讨厌和欺负弟弟妹妹时，我们就更加感到失望。因此，大宝也更加感到被忽视、缺乏幸福和安全感。恶性循环就是这样开始的。

事实上，小小的孩子怎么会自然就学会当哥哥姐姐了呢？孩子还没有被父母爱够,又怎么会爱弟弟妹妹呢?

当我们任何时候看到大宝时,她(他)仍然是那个独特的、宝贵的孩子,仍然是我们心爱的孩子,而不只是小宝的哥哥或姐姐。我们看见他(她)时,就好像全世界只有他(她)一个一样。

(3)初期给予大宝更多的时间和精力

有些父母没有把精力完全放在小宝的身上,而是尽量平均分配时间给大宝和小宝,却依然很苦恼:为什么尽量平衡了,大宝还是不喜欢小宝,还是要争宠,还是那么令人头疼?这是因为孩子不是根据我们的看似分配合理来接受爱,而是凭他(她)真实的感受来接受爱。

美国育儿畅销书《如何说,孩子才能和平相处》中提到一个观点:同等意味着更少。父母完全平等地对待孩子,实际上给他们的爱更少。给予孩子同样的时间可能会适得其反,应该根据需求来分配时间。孩子们不需要得到同等的对待,他们需要的是独特的专属待遇。

小宝刚出生,更需要吃饱、喝足、睡够,而平时根本不需要全家人时刻都围着他(她)转。这只不过是我们自以为孩子需要罢了。其实,我们只要让小宝吃饱、喝足、睡够,然后观察他(她)会不会溢奶,再保证他(她)的安全,平时逗逗他(她),就可以让他(她)自己躺在婴儿床上玩。

我们应该将更多的时间和精力分配给大宝。因为此时最需要我们关注的是大宝,他(她)需要我们给予这份特别的、独一无

二的爱,要让他(她)感觉到爸爸妈妈依然会给他(她)全部的爱和关注。

不必担心这对小宝不公平,大宝得到了爱,就会用这份爱去爱小宝,大人不焦虑了,大宝不欺负小宝了,小宝每天也会很开心、很满足,而不是常常害怕被打,没有安全感地哭闹不停。

如果小宝也是高需求的宝宝,可以让宝宝晚上早点睡觉。然后接下来就都是我们和大宝的独处时间了,让他(她)知道,妈妈喜欢他(她),这是你们的二人世界,妈妈现在只陪他(她),不管是给他(她)讲故事,陪他(她)角色扮演,玩玩具,聊天,都可以。

直到小宝渐渐长大,大宝因为前期关注度足够,也会很乐意爸爸妈妈去关注刚刚会爬、会走的弟弟妹妹,并且还会主动带他们。

两宝家庭,不是给孩子用一样的方式才是公平的,而是给孩子们各自当下最需要的,才是对孩子们最好的爱。

(4)不要把大宝和小宝比较

有了小宝,家里很容易出现的话是:"你怎么这么不乖?瞧瞧弟弟(妹妹),多乖多听话。"哪怕小宝根本就不会说话,只会躺着。

这时的我们忘了,大宝像弟弟妹妹那么小的时候,一样在我们眼中是很乖,很听话的。

儿童心理学指出:许多孩子心理成长过程中必然要经历"特殊"阶段,1岁半到3岁的阶段在心理学上被称为"第一反抗期"。随着孩子可以独立行走后,他们开始感到自己是一个独立于环境之外的个体,对周围的一切充满好奇,有强烈的探索欲望。在这一时期,随着自我意识的不断发展,孩子对于大人的指令、要求和安排,表现出非常大的自我选择性,而一旦遭到父母的反对和制止,就容易产生顶嘴的现象。之后还有七八岁,十二三岁的两个反抗期。

我们的大宝不过是长大了,有了独立自主意识罢了。我们的小宝渐渐长大,一样会经过这样的时期。拿现在的大宝和婴儿般的小宝比较,是不是太不公平了?

我们要接纳大宝成长有一个过程,更不要因此比较,这样从我们的情绪和态度言语流露出来就是:爸爸妈妈只喜欢弟弟妹妹,不喜欢我。只会导致更多的反叛。

好好地爱大宝,关注大宝,会发现大宝越来越可爱,越来越乖巧懂事,小宝也越来越开心。

06

在我一边收拾房间一边构思这篇文章时,依依正在客厅玩,果果从公主房跑出来,喊到:"依依,快进来。"

依依摇摇摆摆地跟着姐姐进了房间。门"咚"的一声,关上了。

过了一会,我打开门,看见两个宝贝正坐在爬行垫上,专心地玩着玩具。依依伸手拿了果果脚边的小球,果果说:"妹妹,

这是姐姐的。"然后任凭妹妹玩。

我看着她们,微笑着,心里的幸福感就这样一点一点地溢了出来。当初不过一个简单的转变,现在姐姐好爱妹妹,妹妹也好信任姐姐,两个孩子可以关着房门,快乐地玩耍好几个小时。

家有两宝,彼此相爱,这就是四口之家最幸福的模样。这样的时刻,谁不想早点到来呢?

第三辑

越接纳越快乐

HAOMAMA DAICHU HAOHATZI

妈妈们怀着爱心看待孩子，接纳孩子，陪着孩子慢慢成长。你会发现，内心的焦虑不知不觉消失了，取而代之的是平静、安稳与快乐。

世上
没有百分百完美的妈妈

01

歌手孙燕姿在歌迷的眼中是一个百分百的好妈妈,她在正当红的时候,为了孩子放下事业,与几百万歌迷暂别。

有一天,久未出现的孙燕姿却发了一条微博称自己是"糟糕的妈妈"。原来是她的儿子病了8天,而在这8天里,儿子变成了一会儿可爱黏人,一会儿发脾气乱踢人的"怪兽"。

在生病第6天时,儿子体温仍不稳定,她要带儿子去验血,可她花了整整20分钟给儿子讲解验血其实远远没有上次摔跤那么痛,可是儿子还是尖叫、痛哭,最终无法验血。

在生病第8天时,她和儿子陷入无休止的对峙中,为了看多长时间的电视、吃难以下咽的药、能不能再吃巧克力、吃饭少等问题,最终两人都情绪崩溃了。此时,儿子在纸上写下"我恨

你"和"我恨妈妈"。而孙燕姿也吼道:"是吗?如果你死掉,我也不会在意的。"

这期间孙燕姿经历过一次次极端暴躁,儿子吐过的床不能睡,怀着二胎的她在地板上睡了两晚,还努力查找食谱做骨汤,这一切都让她精疲力尽。但她在儿子生病的第8天晚上终于吃完一整碗面后,眼泛泪光。

她写下了这篇题目为《糟糕父母的故事》的微博,即便在最后她和儿子相互道歉,她也用期待的心情等候二宝的来临,她仍旧为自己在精疲力尽时对儿子吼下的狠话而懊悔。

孙燕姿是糟糕妈妈吗?不是,她只是不完美而已。在这篇微博下面有妈妈级歌迷评论:"原来明星妈妈也要经历我所经历的,释然了。"而另一个喜欢孙燕姿的孩子评论:"每一个妈妈都是大天使,我每次和妈妈吵完架都会很后悔,没有完美的小孩,也没有完美的妈妈,但一条纽带的关系总会让我们感受到更多的满足。"

当妈妈的我们没有谁是完美的,都会有控制不住情绪的时候,也都会有让我们觉得后悔对孩子做的事或说的话。

02

创建德国写画时光妈妈俱乐部的德国华裔妈妈、育儿导师枭帆在一次课上讲了一件事:有一天,她带着儿子迪哥、女儿甜妞出门,根据她的计划,按照顺路和时间需要原则,会先把甜妞送去舞蹈学校，再去邮局办她的事，最后送迪哥去打球。

开车过程中，迪哥发现去的不是打球的方向，便问妈妈怎么不送他去打球。枭帆解释，打球的地方最远，时间最宽裕，最后才去。迪哥不同意，说："万一迟到了怎么办？"不管枭帆怎么说，迪哥吵着闹着必须先送他去打球。枭帆生气了："如果你害怕迟到，今天就不去打球了。"迪哥更不乐意了，埋怨妈妈不把他的事当事，对他不重视。

听到这话，枭帆的心生生地疼。她把甜妞送去舞蹈学校后，把车停在路边，对迪哥说："今天你不用去打球了。"迪哥哇哇大哭起来。枭帆耐着性子给迪哥讲为什么妈妈要这么选择，解释了快半个小时，枭帆突然号啕大哭起来，她想：我在做什么啊？我这个妈妈怎么连一个孩子都搞不定？迪哥被吓住了，因为他从没看见过妈妈哭，后来他搂着妈妈说："行了，不去就不去了。"

枭帆后来把这件事写进博客里，写的过程中她哭了一次，在第一次上课讲给大家听时她又哭了一次，这是她第三次哭。因为当时的那种无力感太深刻了，每次一想到那时的场景她都难受。

即便迪哥平时是很暖的男孩，并且她还是育儿导师，也会有觉得自己做得不够、不好、感到挫败的时候。

没有一个妈妈在和孩子相处之中，能够做得非常完美，能够不经历一点无助和挣扎，一开始就游刃有余地处理亲子关系与育儿难题。

03

我们爱自己的孩子,我们都想给孩子最好的爱,希望这份爱中没有一丝伤害。我们也想当那个最完美的妈妈,希望让孩子有最完美的成长环境和养育氛围。

孩子瘦了,我们责备自己,没有给孩子更好的饮食;孩子生病了,我们怪自己没有照顾好孩子;孩子表现不好了,我们觉得是自己没有教好孩子;对孩子说重话了,我们会很难过,觉得自己不是一个温柔的好妈妈;对孩子不严格了,我们又害怕会不会太溺爱孩子,让孩子将来受挫力低;孩子成绩不好了,我们又会想为什么不能做得更好一些?可恰恰是这份对完美的渴望,容易让我们焦虑,让我们不能放过自己,也让我们给了孩子更大的压力。

心理学家武志红说:"好的妈妈是这种,我随时都愿意承认我的教育有问题,承认我曾经对孩子做错了一些事情,我愿意承认我的错误,我还愿意改善。"

原来,并不是完美的妈妈才是好妈妈,而是我们在养育孩子的过程中,可能会有失败,可能会有不足,但是我们承认,也接受,更愿意随时调整,不断成长,这才是最好的妈妈。

我曾在网络上看过一个问答,问妈妈们,如果满分是100分,给自己的孩子打多少分。很多妈妈打的是70分、80分,并没有打满分的。而再在另一边问这些妈妈的孩子们,结果孩子们都十分兴奋,都说给妈妈打100分,甚至有说打10000分的。妈妈们听着这些分数眼眶都湿了。

妈妈不能给孩子打满分，是因为先给自己打了低分，她们不能接纳不完美的自己，觉得自己还有太多的不好，自己对孩子做得也还不够多。

有位妈妈看了这个问答后，转回身就问自己的女儿："如果满分是100分，你给妈妈打多少分呀？"女儿大声说："100分。"她搂着女儿哭了，因为就在这之前，她刚刚才对女儿发火，还打了女儿的屁股。没想到，在女儿眼中她依然还是100分。

在孩子的眼中，我们再不完美，都是他们心中最完美的妈妈。

我们在努力给孩子最好的爱的同时，也不必太苛责自己，应该像孩子接纳我们一样，接纳自己的不完美和做得不好的地方。

随时放下过去发生的一切，看每一天、每一刻都是新的，任何时候都能调整对待孩子的方式，我们每个妈妈都会成为最接近完美的好妈妈。

你不必当别人眼中的"好妈妈"

01

有位叫晨晓的妈妈告诉我：前段时间，她的婆婆到他们家住了一个月。有一天，婆婆去朋友家回来，看着客厅角落里孙女的玩具，说："他们家的孙女可会收拾了，她妈妈很会教的，你也要教会孩子让她自己收拾。"

"是的，我也应该当那样会教孩子的好妈妈"。晨晓心里想着，便对孩子说："把你的玩具都收拾好。"孩子磨磨蹭蹭收拾了一下，说："妈妈，你陪我一起收拾吧。"以前晨晓会同意，还会和她一起比赛谁收拾得快，在一阵乐呵中很快就收拾好了。但现在不行，晨晓已经觉得自己不如别的妈妈会教了，必须得赶紧补上。她说："你自己的事，自己做。赶紧收拾吧。"

孩子不动。晨晓开始冒火："你自己的玩具自己不收拾，还要我帮你收拾？以后每次玩了必须收拾好。"孩子仍不动，晨晓一怒之下打了孩子。最后，孩子哭哭咧咧地捡完了玩具。晨晓也对自己突如其来的愤怒和没有耐心茫然了。

她忘了，因为这些天她太忙，睡眠又不足，原本家里就很乱，孩子也就跟着不收拾，以前家里整洁光亮时，孩子也都会主动收拾。她此时只想着：现在孩子若不自己收拾进去，我就不是个会教的好妈妈，婆婆也会觉得别人家的妈妈才称职。

想当一个别人眼中的"好妈妈"，这样的想法总在不知不觉间让我们焦虑，忍不住想要对孩子发火。

02

不在乎别人的眼光，放弃当"好妈妈"的想法，才能更好地爱孩子和教孩子。

几个月前，好友玉带着一岁多的儿子小林到我们家玩。果果很开心，跟玉亲近得很，对小林也"弟弟，弟弟"喊个不停。吃完晚饭，我们准备带着孩子们出去走走，我在换鞋，玉推着小林慢慢往前走，兴奋的果果突然拿着手里的玩具，一下打在小林的头上，小林"哇"地一声大哭起来。

我回想了今天没有谁有偏心，或者忽视她，让她觉得不被关注，看来果果的打人行为就是她现在玩嗨了，顺手打下来的，所以必须要管教。

我对她说："果果，妈妈说过，我们家要是有小朋友打了别

的小朋友,当天就不能出去玩了。现在,你就不能出去了。只有弟弟妹妹能出去。"

玉心疼地抱着小林,对我说:"果果打人你不管教她吗?要是小林以后打人,我非把他打一顿不可。"

我说:"我在管教她呀,但不是用打她的方式,这样的管法才会让她不再打弟弟。"

玉不认同我的管教方式,她一边出门一边:"该打时就要打,该管时就要好好管,打人的孩子就要把她好好打一顿。不打也太宠她了。"言外之意,我真不是一个会管教孩子的"好妈妈"。

若是我为了在玉面前当一个她眼中的"好妈妈",必定会当着她的面,在怒气中暴打果果一顿。可是暴打有用吗?当然没用。

果果需要的不是怒气中的暴打,而是规则的制定与执行。自从对她和依依实行了这个规则后,她再也没有打过依依。而现在对她更印象深刻的管教,正是剥夺她出去玩的权利。

看着弟弟妹妹都出去玩了,就她不能出去(当然我也留在家里),她大哭大闹,甚至要开门,我把门反锁了,她开不了门,哭闹得更厉害了。等她安静下来后,我搂着她并告诉她:"妈妈爱你,但是妈妈要你记住,不能打别的小朋友,也记住我们家的规则,有人欺负了别的小朋友就不能出去玩,妈妈是为了保护你。"

那天晚上,玉带着小林回来后,果果主动去跟他们道了歉,还主动亲了小林。从那之后，果果就再也没有打过弟弟。

有时，我们宁可不当"好妈妈"了，也要用正确的方式对待孩子。

03

常常，使我们累的未必是孩子，也许只是"好妈妈"的标签。

看见别的妈妈在朋友圈里晒出给孩子做的美食，好羡慕，也好想当那样的"好妈妈"，却忽略了别人家有老人帮忙带孩子，而我们自己一个人既要带孩子又要做家务，每天忙得团团转。

看见别的妈妈总是带着孩子到处旅行，只觉得自己没有给孩子那么多的精彩，还不够"好妈妈"标准，但却忘记了自己朝九晚五的工作，哪里有时间。

朋友阿香告诉我，有一回和邻居一起带孩子在外面玩，孩子想吃冰激凌，邻居说："小孩子吃多了冰激凌不好，当妈妈的不要什么都依着孩子。"换作平时，阿香准会去买，还会买两个，和孩子一起吃，因为她自己从小就爱吃冰激凌，对孩子也没什么约束，只要不是吃饭前吃就好了。听了邻居的话，她下意识地觉得，如果去买了冰激凌给孩子，就是一个不为孩子健康着想的"好妈妈"了，所以，那天就坚持没给孩子吃冰激凌。

邻居满意地说："对，让她哭一哭就没事了，你这个妈妈做得真不错。"那一刻，阿香觉得，自己以前做得太不对了，怎

能任凭孩子吃那么多冰激凌呢?

常常,我们为了当好别人眼中的"好妈妈",放下自己内心原本的意愿,也无端地让自己陷入一种纠结之中,陷入对自己的责难之中。

04

可是别人眼中的"好妈妈"哪里当得过来。有人认为陪孩子睡觉才是好妈妈,而又有人认为帮助孩子自己入睡的才是好妈妈;有人认为严格管孩子才是好妈妈,而又有人认为多给孩子自由的才是好妈妈;有人认为多为孩子发展兴趣才是好妈妈,而又有人认为尊重孩子玩耍天性的才是好妈妈。

多少次,为了当一个靠谱的"好妈妈",我们陷在焦虑之中,从而对自己低评价,也对孩子低评价。

心理学讲,人对自己的思想、动机、行为和个性的评价,会直接影响学习和参与社会活动的积极性,也影响着与他人的交往关系。

当我们在心里否定自己,觉得自己不如别人家的妈妈,觉得自己做得不够好时,反映出来的就是,我们觉得自己的孩子不如别人家的孩子好。

这样的看法在很大程度上影响了我们用正确的态度和方式去爱孩子。孩子需要无条件的爱和接纳,需要知道,他(她)在父母的眼中永远都是最好的、最宝贵的。

一个叫朱尔的小男孩写了一首《挑妈妈》的诗歌红遍网络：

> 你问我出生前在做什么，
> 我答：我在天上挑妈妈。
> 看见你了，
> 觉得你特别好。
> 想做你的儿子，
> 又觉得自己可能没那个运气。
> 没想到，
> 第二天一早，
> 我已经在你肚子里。

在孩子眼中，我们就是他（她）唯一的、最好的妈妈。我们也要这样看待自己。爱，不是做了多少、做到什么样的程度，而是用了心思、花了时间，去陪伴、去关心、去给我们能给的，而不是别人正在给的，或者别人觉得好的。

我们每天在努力地爱着我们的孩子，在用心地了解我们的孩子，给予我们孩子生活上的照顾，心灵上的滋养，我们每一天都有改变，也都在进步。

我们和孩子的相处，在孩子成长的岁月中串下一颗颗珍珠。我们不需要当别人眼中的"好妈妈"，因为我们每个人都是自己孩子的最好妈妈。

不要用孩子的
行为给自己打分

01

晓雨最受不了带女儿去上舞蹈班。已经一个多月了,女儿还是很难听懂老师的指挥,到了后半节课女儿干脆自己跳自己的,老师怎么说都不理。她感到特尴尬:别的孩子都那么乖巧,那么认真,为什么自己的孩子要专心上一节课就这么难呢?

除了上舞蹈班,如果孩子被老师告状说她不睡午觉,不乖,甚至还吵到别的同学了,在家耍脾气,拖延,不听话,或者在小区和小朋友玩时哭哭闹闹了,她都很容易发怒,也觉得沮丧。

晓雨的情况不是个例。当妈妈的我们,很容易把目光一直盯在孩子的行为上,用孩子的行为表现给自己打分。

而另一个妈妈则不同。她的儿子刚上幼儿园没多久,老师就找到她,对她说:"你的儿子太多动了,只能坐半分钟,建议给孩子退学或转园。"她请求老师继续收下孩子,说孩子一定会好起来的。

抹干眼泪,回到家她对孩子说:"儿子,今天老师表扬你了,说你能坐得住半分钟了。"渐渐地,儿子在她的鼓励下,从安静半分钟到十分钟再到半个小时。

上小学后,开家长会,老师对她说:"你的儿子学习太吃力了,给孩子留一级吧。"她央求老师,再给孩子一个机会。

她再次抹干眼泪,对孩子说:"老师说你很认真,只要再努力一些,一定会进步的。"就这样,儿子从倒数第一名,到倒数第二名,再到排名中间,排名靠前,最后竟被名校录取。

拿着录取通知书,孩子对妈妈说:"妈妈,谢谢您,是您让我没有像我所表现的那样不好,您接纳我、鼓励我,让我也能变得很好。"

妈妈能够跳出行为表现去看待孩子,因为她不在心里为这个行为给自己打分。孩子多动,学习吃力,她都不觉得自己就只能打三四十分,就不及格了。她不因孩子的行为轻看自己,才能够接纳孩子,用最适合孩子和自己的方式,真正用智慧去帮助孩子。

02

做妈妈的,最重要的不是看孩子的行为,而是用妈妈该有的态度、该给的爱去对待孩子。如果我们专注的对象是孩子的行为,一心想矫正和引导孩子的行为,那么我们的情绪就很容易跟着孩子的表现而变化。但当我们专注的对象是在自己的态度上,

是如何作为一个好妈妈来对待孩子时，不管孩子的表现如何，行为如何，我们都不会再被影响了。

即使我们的孩子可能不乖，可能不配合，可能吵闹，但我们知道，我们唯一需要做的，就是在各种各样的情况下，学习用智慧的爱去对待孩子。

只要我们不想着控制孩子，我们的情绪也就更容易平和稳定，从而更容易选择对的方式去对待孩子。即便管教，也是出于真正的爱，而不是出于内心的焦虑。

03

我们的焦虑常常来源于，我们希望孩子如何，但是孩子却没有如我们所愿。

有时，我们最害怕自己的行为给孩子造成什么影响，孩子一旦表现不如意了，我们就会对自己感到沮丧、懊恼。但如果换一种思维则不同，我们作为妈妈的价值和分数不是孩子的行为决定的，而是我们对待孩子的态度、方式决定的。

名著《忏悔录》的作者奥古斯丁，曾经生活作风非常不堪，照理他的妈妈该有足够的理由想让他有好行为能改变自己作为妈妈的形象，提升自己的分数。若是这样，她对奥古斯丁一定会生出很多的责备、不满。然而她没有，她一如既往地用爱和接纳对待自己的儿子。很多年后，儿子幡然醒悟，远离了一切败坏的生活方式，成了著名的作家。

无论孩子的行为怎样，都不必影响作为妈妈的态度。妈妈们不必忧虑，也无须急于改变孩子和操控孩子，这样才不会陷入无力感，从而产生焦虑与怒气。只要一如既往地按照妈妈本该有的形象去生活，去面对孩子就可以了。

04

晓雨根据这样的想法，开始了调整，然后一切都感觉不一样了。有一次，和女儿在小区玩，女儿突然哭闹起来，她竟然一点不觉得尴尬，心里非常平和。

因为她专注的只是此刻她作为妈妈去接纳女儿的情绪，不必为女儿的哭闹给自己打低分，更不必在意别人如何看待她。因为女儿哭闹与否，别人怎么看待，都跟她当什么样的妈妈无关。但奇妙的是，在这样的情况下她的女儿很快又开心起来了。

不要用孩子的行为给自己打分，不要用孩子的表现来否定自己，无论孩子如何都不影响我们对自己的看法，这样我们才不容易焦虑，也不容易发火。

而我们的孩子，因为妈妈不再一直盯着他们的行为了，不因为他们的行为而情绪变化了，他们不需要再为妈妈的情绪负责了，也就能更加感受到妈妈的爱，愿意在爱中被管教。

孩子的成长有一个过程，孩子的心理发展有一个变化，每个孩子的花期也都不一样。多给孩子时间，我们和孩子都会在成长中变得更好。

永远给
孩子最深的接纳与爱

01

纪录片《镜子》里的心理咨询师李老师说:"我们做律师需要考执照,开车需要考驾照,做心理咨询师需要考资格证。可是我们做父母,这个我们一生做得最长的一个角色,是一辈子的职业,反而我们没有去学习就直接上岗了。"

原来,做父母也是需要学习,并不是生来就会的。要学习做父母,我们首先要思考,什么是父母?父母给孩子最重要的是什么?

有一个故事,讲的是上帝派一个小孩降生到人间,可小孩不愿意去。

小孩说:"我会变得很小,没人帮助我。"

上帝笑着说:"我已经为你选中了一个天使,到时候她会照顾你。"

小孩又说："在天堂我每天都唱歌和微笑，过得十分快乐，到了人间，我可能就没有这么快乐了。"

上帝说："我派的那个天使，会每天对你唱歌和微笑，你会感到很快乐，她还会教你最美丽、最甜蜜的语言，为了你的安危，她还会愿意献出自己的生命。"

小孩放心了，问："那个天使叫什么名字？"

上帝微笑着回答："那个天使的名字很简单，你叫她'妈妈'就可以。"

身为父母，要用生命来保护和照顾孩子，但最重要的是，要每天快乐地面对孩子，对着孩子微笑，教给孩子最美丽、甜蜜的语言，让孩子在爱中快乐地成长。随着孩子一天天长大，我们给孩子更多的笑脸与快乐，而不是指责与压抑。

02

有段时间，《妈妈，请你杀了我》的文章在微信上刷屏了，以故事的手法讲述妈妈暴打自己孩子的事情，其内容叫人泪目。这些原本应该是给孩子最深接纳与爱的人，是孩子在这世上唯一可以依靠的人，最后却成了伤害孩子最深、给孩子最沉重打击、甚至使孩子失去生命的人。

我们一定没有以那样极端的态度、暴怒的方式、厌弃的方法对待过孩子，可是，我们又有多少时候，当孩子做得不合我们心意时，我们给孩子的感受也是：爸爸妈妈不爱我，爸爸妈妈看起

来好可怕。

03

现代社会，有越来越多的人在说：不要为了孩子放弃自我，不要把自己捆绑在孩子的身上，不要为了孩子牺牲自己的全部。是的，没错。很多人心里有一个惧怕：很怕因为孩子丢失了自我，很怕在家照顾孩子就没有了价值，很怕为了孩子失去了自己的时间、空间，很怕自己还年轻就牺牲太多。

这样的感受一出来，即使是偶尔的惧怕，都会让我们在面对孩子的时候，心里缺少那份最深的接纳感，都会对做父母的角色没有那么强烈的接纳。

我身边有好些朋友，即使在一个城市，也让孩子和自己的父母同住，周末才去见见孩子，陪陪孩子。让自己的父母成为孩子的父母，自己依然过着没有孩子的轻松自在生活。

有句话说得很扎心："这个世界上唯有人类是最奇怪的动物，因为只有人类会把自己的孩子交给别人来抚养。"这个别人可能是保姆，可能是托儿所，也可能就是家中的老人。

生下了孩子，已身为父母，却放弃了父母的职责，受伤最大的是孩子，而失去最多的其实是自己。

有一个问卷调查问功成名就的老人，最遗憾的事是什么？没有人说是少赚了多少钱，也没有人说是少签了一单合同，少去了一些地方，少玩了什么，少应酬了什么，少学习了什么。而所有人都有一个共同的遗憾——没有在孩子年幼和成长阶段给孩子更多的陪伴，没有花更多的时间在家庭中。

你是否喜欢孩子，是否接纳孩子，是否真心愿意当孩子的父母，从你对孩子的态度，从你给孩子的时间，从你对待孩子的方式，孩子是感觉得到的。

作为爸爸妈妈的我们，不要让现在追求自由的心，将来却承载深深的懊悔与无法挽回的遗憾。

04

也许，我们是愿意当父母的，愿意为孩子花费时间的，也愿意保护和照顾孩子的。可是，随着孩子一天天长大，有了自我意识，也会反对我们，会调皮，会捣乱，我们对孩子的要求会不会一天天在增多？我们对孩子的笑脸会不会一天天在减少？我们对孩子的接纳会不会越来越难？

前段时间我和几个朋友到好友家做客，她的女儿刚上小学一年级。我们刚进门时就感受到气氛紧张，好友黑着脸，叫女儿赶快做作业。女儿有点磨蹭，好友很生气，看女儿的眼神满满都是厌弃。只是因为我们在，她才压住了火没有发出来。

这么多年来，这是我第一次看见她对女儿的脸色是拉长的，从前，她总是笑盈盈的，特别喜欢女儿，女儿也人甜、嘴甜。另一个朋友说，等孩子上了小学你就知道了，生气的地方更多了，特别是管学习、管作业，分分钟就要暴怒。

孩子生下来的时候，我们对孩子的期望是：只要健康平安，快乐幸福就好。但是孩子一天天长大，我们就越来越希望孩子成绩好、表现好、能力好。我们希望孩子不要犯错，尽管我们自己也会犯错，但是孩子若犯错，我们的笑脸必定消失无踪。我们希望孩子听从我们的指挥，任何时候只要一旦不听从，我们心里就很烦孩子。

孩子哭闹的时候，我们更会觉得孩子是个麻烦。尤其家中添了新宝，大宝又正在调皮期，心里常常不由自主地想：真讨厌，还是小宝乖。这些，都是因为我们对孩子没有真正地、完全地接纳，真正的接纳应该是照着孩子的本相接纳他（她），不是因为孩子具备某些特征、有某些条件才接纳他（她）、喜欢他（她），而是不管孩子如何，我们都爱他（她）；不管孩子好或不好，都愿意拥抱他（她），等候他（她）。

任何时候对孩子的管教，也都是建立在无条件的接纳孩子的前提上，而不是建立在厌烦的感受上。

我们做父母的，给孩子的不就应该是"你很特别，因为你是我的孩子"这样一份最深的接纳与安全感吗？我们爱孩子，不是因为孩子是什么样的才爱，而仅仅是因为他（她）是我们的孩子。

05

在我们小的时候，最希望任何时候爸爸妈妈都喜欢我们，都认可我们，都接纳我们。我们希望有一个安全感就是不管我们好不好，不管别人觉得我们好不好，爸爸妈妈都觉得我们好，都喜欢我们，我们在爸爸妈妈的认同中感受到我们是有价值的，我们是可爱的。我们希望即使犯了错，爸爸妈妈也爱我们，不会嫌弃我们，当我们来到爸爸妈妈身边时，他们仍愿意拥抱我们，也愿意用爱和温柔的态度引导我们。我们也希望，任何时候，爸爸妈妈都不会觉得我们是一个麻烦，是一个累赘，而是任何时候，都喜欢当我们的爸爸妈妈，都愿意为了我们放下自己的事。

在这样的感受中，我们知道自己是重要的，是被爱的，是被关心、保护和照顾的，那么，我们对待我们的孩子不也应当如此吗？

我们的孩子需要知道他是有价值的，是重要的，是宝贵的，是被爱的。这是他（她）在这个世界上健康成长、勇往直前的动力。而这些，只有当我们给孩子最深的接纳与爱以及安全感之后，他（她）才会感受到。他（她）才会在将来，不会因为别人的评价，不会因为世上外在的得失，而轻易否定自己，而是在任何时候都充满安全感，任何时候都感到满足快乐。

愿我们都不放弃我们做父母的职责，也不忘记做父母的初衷，永远给孩子最好的和最重要的。

看见孩子就喜欢，
是你值得学习与坚持的功课

01

前些日子小芸的表哥到她家做客，谈到自己的孩子："太淘了。""根本不听指令。""看她做作业分分钟生气。"可他转身就夸奖小芸的女儿："宝贝太乖了，姐姐比你还大两岁，可她根本不可能这样安静地吃饭。""多乖呀，叫你不要乱走就不乱走。"

看着安静吃饭、饭后在视线范围内玩耍的女儿，小芸心里不由升起一股怜爱：确实好乖好听话。可是就在中午，小芸刚刚训了女儿只是因为女儿在她午睡时，把她新买的一对耳环弄丢了。那时她嘴里说着女儿，心里烦着女儿。也在头天晚上，因女儿兴奋，迟迟不能入睡，疲乏和生气的她最终忍不住吼了女儿。

现在听了表哥的话，小芸才自责：明明我的女儿真的算是很乖的孩子了，让我生气也只是少数时候，为何我竟因这"偶尔"而常常去看女儿的不足呢？

是啊，为什么在我们眼中自己的孩子总是没有那么可爱？总是问题多多？这是因为当我们看到孩子的时候，总是盯着他们的行为和表现，忍不住地想纠正他们。我们只看孩子需要改正的地方，期待孩子时时刻刻的表现都令我们满意。

做父母的我们很难做到，看见孩子就只是单纯地喜欢，真正享受和孩子在一起的快乐。

02

青年画家万里随时看到女儿都只有温情与疼爱，这种感受让他不禁用手中的画笔，记录下女儿的一颦一笑，3年时间创作出很多幅女儿的画像，还举办了个人画展，风靡了整个网络。

他说："平时我会观察她的状态，并且拍摄大量照片，选取一些有微妙神态的瞬间，然后用来进行主题创作。画她的时候，就像在和她说话一样，既会想起她小时候的样子，也会去想象她的未来。"

如果看见孩子没有一种全心的喜欢，如果看见孩子眼里只有"问题"，只觉得这也不乖，那也调皮，只想着纠正许多行为，哪里还能用饱含爱意的情感创作每一幅画，哪里会凝心描绘孩子纯真的瞬间，又哪里能坚持一直创作？

只有一颗看见孩子就喜欢，而不是看见孩子就想纠正的心，

才能让画中的小女孩被赞叹为"美得像仙女"。

03

这喜欢究竟有多难?每次遇见3岁的希希,总是听见希希的妈妈不停地在纠正和批评他:"刚才叫你穿运动鞋你不穿,现在摔跤了知道疼了吧?为什么总不听劝。""别跑太快,追都追不上,你怎么这么麻烦。""有什么好哭的?真是的。""再这样我走了,烦死了。"

只要是和希希在一起的时候,妈妈都会一直皱着眉,也都会眼不眨地盯着希希,不停地对希希说着这些话,还时不时地叹气。

似乎,在妈妈的眼中希希只有缺点。孩子得有多不好,才能不停地纠正?才能总是生气?希希的妈妈也委屈:不是真的完全不喜欢孩子,只是不愿让孩子放任自如罢了。不纠正这些表现不好的地方,孩子以后怎么办?

只是,原本都是为了孩子好,到最后往往演变成习惯性地看孩子不顺眼,看孩子就是个"麻烦"。所以到了开学季,才有那么多的家长像希希妈妈一样开心:终于轻松了,终于又解放了。

若是我们看见孩子就喜欢,和孩子在一起就觉得快乐、享受,我们的态度应该更多的是不舍。

04

要看见孩子就喜欢，其实也没有那么难。只要我们按照孩子的本相接纳他，按照孩子的特性理解他，只把孩子当孩子，而不是用要求成人的标准去对待孩子，一切都会不一样。

心理学讲幼儿心理发展的一般特点中，有一项是心理活动及行为的无意性：幼儿控制和调节自己的心理活动和行为的能力仍然很差，很容易受其他事物的影响而改变自己的活动方向，因而行为表现出很大的不稳定性。在正确教育的影响下，随着年龄的增长，这种状况逐渐改变。儿童心理学家将淘气称作"建立在探索欲望上的行动"。

育儿畅销书《勇于管教》中提到：我们的目标不是要培养出十全十美的孩子。即便你在家中实施了一套空前完美的管教措施，你的孩子终归是孩子，他仍会不时地表现出愚蠢、破坏性、懒惰、自私以及无礼。我们作为成年人也存在同样的问题，对孩子来说，更是在所难免。

若是我们接受孩子与生俱来的特质，接受孩子依旧是孩子，甚至我们愿意像个小孩子一样，常陪着孩子玩，陪着孩子尽情地打闹嬉戏，那我们看待孩子的眼光一定有所改变。

比如，孩子又弄乱了房间，因贪玩不想睡觉，或是在我们忙碌时硬拉着我们陪他玩，这个时候，我们控制住生气甚至发怒的情绪，我们就会更容易接纳孩子。想一想我们小时候不也常常幻想能不睡觉，一直玩吗？不也总在父母有事或和朋友聊天时不停

地去拉父母,跟父母说话,打扰父母吗?甚至,我们现在有时也会有想要彻底放松的时候,不想整理房间、不想洗碗,玩手机玩到很晚,也想要忙碌的爱人分点时间来全心全意陪伴我们。

我们尚且会如此,却要求我们的孩子能够马上做到我们自己有时都没有节制、不能马上做到的事,我们这样对孩子是不是不公平?

只要想想我们自己,不用过高的标准去要求孩子,愿意给孩子成长的空间,改变就随之而来。

没有了苛刻和十全十美的要求,不再只盯着孩子的行为,不再一心想着纠正,我们就会用新的眼光,看见我们的孩子就只是单单的喜欢,如同看这世界上最美的珍宝、最好的礼物。

05

有父母担心:不看管孩子的行为,那不是会惯坏孩子?既要爱孩子,又怕爱过了头;孩子的行为不好,想好好管孩子,又怕管过了头,是不是太难了?那我们应该如何正确对待孩子呢?

第一,要明确知道,我们看见孩子时,一定要先在内心喜欢孩子这个人,而不是先入为主地"观察"今天或现在他有什么不好的行为需要我们去纠正,我们应该学会先充分享受和孩子在一起的时光。最重要的,我们可以不同意孩子的行为,但是我们永远接纳孩子这个人。

第二,真相是往往在我们纠结和不确定的过程中,因为内心的迷茫与疑惑，才更容易定睛在孩子的行为上，想通过孩子的行为来看自己做得对不对、好不好，孩子表现一旦稍有不好，就在内心否定自己，从而在焦虑、烦躁与无措中对孩子不满、生气甚至发怒。

当我们可以不接受孩子的行为，但无论怎样都去喜欢孩子这个人时，孩子反而会极其配合我们。

一位育儿作家说："我的回答也许不是你所期待的，但它确实是我长期观察的结果，并被证实是有效的。最好的办法是在管教难题出现之前，花时间与他们在一起嬉戏玩耍，共同分享欢笑和喜悦的时光。与孩子建立友谊能够避免对抗，并使他们愿意在家中与父母配合。这是战胜因孩子叛逆而产生怒气的有力法宝。"

教育专家孔高宁博士说："要接纳孩子的一切。这对孩子自我认知的培养非常重要。无条件地接纳孩子，会让孩子没有心理负担地坦然面对自己。"

换句话说，孩子的心随着我们的评价和眼光而变化。当他（她）感觉到父母不喜欢他（她）的时候，他（她）的心里也对自己的评价很低，反映出来的行为也会是对自己不满、生气、有羞耻感，其表现也就更会让人头疼。而当他（她）知道我们喜欢他（她），没有任何条件限制时，他（她）的心里就会有安全感，对自我有良好的评价，也会让他（她）更愿意真心信任和听从父母，他（她）也会变得更自信、快乐、满足。

网络上有一段话非常美：给孩子好的回应，让他知道世界是

爱他的。孩子是蜗牛,不要嫌弃他走得慢。让他(她)带你重新定义这个世界。慢下来,重新看看这个世界的天空和景色;慢下来,感受自己的灵魂。那些美的,随着你年龄的增长已经看不到的光和影,就在孩子的眼里。

让我们看见孩子就喜欢他(她)吧,这是做父母最值得学习与坚持的功课。

敞开怀抱,
拥抱犯错的孩子

01

一个小女孩和妈妈在机场,不知看见什么了就是不再往前走了,妈妈叫了几次她都不动,妈妈生气了,说:"那你就在这里吧,我走了,不管你了。"说完就往前走。

小女孩急了,哭着去拉妈妈,妈妈甩开她的手:"你不是不走吗?过来干什么?"小女孩哭着想抱妈妈的腿,妈妈不要孩子拉她抱她,依旧独自往前走。小女孩就一直一边追一边大哭。

这样的情景太熟悉了。孩子调皮,妈妈生气离开,孩子哭着追上要妈妈抱,妈妈却把孩子推开,然后继续走。

当孩子惹我们生气后,最难的一件事是什么?就是让孩子继续亲近我们。我们对孩子最大的惩罚不是打孩子骂孩子,而是当孩子哭着要我们抱时,我们因为心里的怒气不停地推开孩子,甚

至不愿意碰孩子,觉得这个孩子怎么这么惹人厌,甚至想让孩子马上从自己面前消失。

为什么年幼的孩子越惹父母生气,越会哭着喊"妈妈抱"越会凑上来?即使妈妈生气地一再推开他,他(她)也还是会哭着往妈妈身上爬。这是因为孩子很害怕,害怕父母不再喜欢自己,真的不想要自己了。

父母因为生气不停地推开孩子,拒绝孩子,其实此时此刻是心里对孩子的不能接纳,是在心里对孩子说:"我真的不满意你,不喜欢你",甚至是"不想要你"。

02

在《亲子关系》视频中,冯志梅讲了一个细节:有一天她家来客人了,她和客人聊天时,两个儿子打架了,她对客人说:"请你稍等,我必须去处理一下。"然后她对儿子说:"拿上家法,到房间去。"

他们家有一个家规,如果做了伤害人的事,无论是行为上还是言语上,就必须挨打,刚才哥哥打了弟弟,弟弟骂了哥哥,所以都要打。

哥哥问:"可不可以不打?"

她说:"不行。"

"那可不可以打轻一点。"

"不好意思,妈妈每次打得都一样重。"

她没有发怒,只是按照他们的家规,用会打痛但是不会打伤的重量,打了两个孩子。

但是打完后,她马上做了一件事,她说那是她和孩子们最喜欢的事,就是立即扔开家法,对孩子们伸出双手:"快过来抱抱。"孩子们跑到她面前,和妈妈抱着。然后她对孩子们说:"你们犯了错,妈妈必须管教你们,但是妈妈依然爱你们。"

三人开开心心地走出了房间,客人看了很惊讶:"我以为你进去打他们了。"她说:"是呀,我是去打他们了。"

我们也常常忍不住会打孩子,但总是在孩子惹我们生气到难以控制的时候,就带着怒气打孩子,很难做到平心静气地打,更难做到最后的拥抱。可是,孩子最需要的就是这拥抱。

在他们家每次打完孩子,孩子受到管教后,就会立即抱孩子,恢复与孩子的亲密接触,让孩子知道,爸爸妈妈管教你们,不是因为爸爸妈妈的怒气,而是因为你们犯了错,让你们记住不能再这样。但是爸爸妈妈依然爱你们,接纳你们。爸爸妈妈不接受的是你的行为,而不是你这个人。

有时,孩子会因为被打了不想过来拥抱,她会说:"没关系,等你愿意的时候再过来抱,但是,只有抱了才能出这个房门。"等了很久后孩子会很不情愿地说:"那就过来抱一下吧。"

孩子需要这拥抱,这是爱的提醒。孩子也需要在任何时候知道,即使是他(她)犯了错之后,觉得自己不好的时候,对自己失望的时候,爸爸妈妈依然爱他(她),并且无条件地接纳他(她)。

03

一位心理咨询师讲："要允许孩子犯错误，也允许孩子改正错误。不能说我希望你怎么样你就要怎么样，那是错误的。我们家的孩子也犯过错误，我们大人还犯错呢，何况他还只是孩子。所以，我们大家都要有信心，没有坏孩子，只有没教育好的孩子。"

有一个故事，妈妈和爸爸在厨房洗碗，两姐弟在客厅玩耍。突然，"砰"的一声碗碎在了地上。瞬间家里特别安静。姐姐和弟弟也不敢说话了。

过了一两分钟后，又响起了洗碗的声音。弟弟说："碗是妈妈打碎的。"姐姐问："你怎么知道？""如果是爸爸打碎的，妈妈一定会骂人的。她没有骂人，说明是她自己打碎的。"

多么形象。我们喜欢指责孩子，批评孩子，有时候是一件很小的事，比如牛奶打翻了，水洒在桌上或地上了。有时候是我们觉得严重的事，比如孩子不认真写作业，老想玩，不睡午觉。可是，在我们小的时候，不就是如此吗？也会有不想写作业的时候，也会有贪玩的时候，也常常会调皮不睡午觉。

即使现在，我们也会有把东西落在家里的时候，弄坏东西的时候。那些时候，我们也希望我们的爱人能够体恤我们，听听我们的唠叨，安慰我们，抱抱我们，而不是被指责，被揪住错误不放。

当我们被宽容对待的时候，我们心里会觉得很被爱，也会更愿意下一次一定要做好。当我们被一味指责时，或者我们会对自己的评价越来越低，或者我们会以同样的态度对其他人进行批评指责。

孩子也是这样，当他们被父母怎样对待时，他们就会怎样对待别人。当他越在恩慈的环境中成长，他会越容易有安全感，也越会以体谅人和暖人的态度对待身边的人。

04

用敞开的怀抱，拥抱犯错的孩子，不是让孩子没有规矩，肆意妄为。而是我们要从内心知道，其实每一个孩子都不愿意犯错，都愿意被爸爸妈妈喜爱，都愿意讨爸爸妈妈开心。可是就像我们自己一样，孩子也会有成长的过程，成长的过程中就免不了犯错。每一次我们对孩子的宽恕，都是给孩子的恩典，让孩子觉得自己被接纳、被爱，就更愿意被引导、被管教。

其实许多的问题少年，不是因为父母给的接纳太多，反而是父母给的接纳太少。有些看起来是接纳的，其实表达的却是"你怎么能这样？如果你那样，我就喜欢你。因为你没有那样，所以我没有办法喜欢你，也不想看见你"。

孩子的心是敏锐的、单纯的，父母是否真正喜欢他（她）这个人，还是因他（她）的行为而决定喜不喜欢他（她），是不是有条件，他（她）是感觉得到的。当他（她）因为自己犯的错而害怕被父母批评，对自己过于懊恼时，他（她）表现出来的反而

是难以听指令，因为他（她）对自己的评价就是那样，他能从父母的眼中看自己。

果果有时调皮被管教，或者她不被允许做某件事时，她会大哭，但是她或者会一边哭一边喊"妈妈抱"，或者会哭完后过来要妈妈抱。

其实，在那时候，她心里知道自己是不对的，正是因为这样才会害怕妈妈因此不喜欢她，才会更加想要妈妈抱。

我会抱着她，等她安静下来后，我也会坚持自己不允许她做的事，但是会告诉她妈妈爱她。通常孩子会因为不能随心所愿了哭闹好一会儿，但没关系。因为这个抱抱和爱，她还是会快乐地顺服。

孩子越小，这种对爸爸妈妈亲近的渴望就越强烈。我们在对孩子的行为不满意的时候，越满足孩子的这份亲近感，孩子越会有安全感，越会对父母敞开心扉。当他（她）渐渐长大后，依然会和父母保持这份亲近感，更不会远离父母。

处处用新眼光看孩子，别翻旧账

01

娜娜的女儿小咪5岁了。有一天，小咪调皮，把沙发上所有的东西都扔在了地上，不捡起来。娜娜管教小咪后，小咪不得不一样样磨蹭着把东西放回了原来的位置。

过了一会，该吃饭了，小咪拖延了一下，娜娜瞬间生气了："你还不快来吃饭，在做什么？你今天怎么回事？刚才好好的非要把沙发和地上弄得乱七八糟？"

小咪刚才已经受了管教，沙发的事情已经过去了，可是娜娜的心里还没有过去，娜娜现在看小咪，还是她弄乱沙发时的样子。一整天，娜娜都常常发怒，也常常说"你刚才……"

其实，孩子做了错事，管教后，就结束了。如果再犯，再管教。如果犯新的错，就管教新的问题。而之前管教的事，过去

了，我们就应该不再追究了，而应该用新的眼光来看待孩子。

02

孩子会透过我们的眼光去看待他自己。所以，我们看孩子时，要纠正的是孩子的行为，要接纳的是孩子这个人。孩子的行为需要我们引导和管理，孩子也需要我们时刻提醒他们：这件事你做错了，在这件事上你做得不对，但是妈妈会帮助你把它做对，妈妈打你或者制定规则约束你，都是为了帮你记住，帮你纠正。但是在妈妈眼中，你依然是好孩子。

每一次管教孩子后，即使是几分钟前，甚至一秒钟前所犯的错，我们都要学会忘记孩子这次所犯的错。我们依然要认为孩子是可爱的、宝贵的，更应该用笑脸对待孩子，拥抱孩子，和孩子一起迎接下一秒的美好时光。

豆豆有一次考试作弊，被老师发现并告诉了家长。爸爸妈妈教育她之后，她就再没作过弊了。但后来当她考得比较好，开心地告诉爸爸妈妈时，爸爸妈妈常常会说："是不是作弊考好的？"就这样，豆豆的学习热情一点点下降，直到最后她不想再上学了。

如果，当时豆豆得到管教后，父母就把作弊这件事放下了，然后用新的眼光去看待豆豆，仍把她看成好孩子，当她考好后，父母就鼓励她："豆豆，你瞧，不用作弊你也能考得很好，你的努力没有白费，加油，爸爸妈妈相信你。"如果是这样，也许结果就会不一样。

小时候，我们犯错的事情过去了，都希望父母不再提了，也希望父母还能依旧喜欢我们。现在，我们有时做得不好，或者做错了某事，也希望身边的人不会一直揪着我们的错误不放。

不翻旧账，即使是前一秒钟已经了结的账，这样才能够更好地爱孩子，才能在遇到新的问题时积极寻找解决办法，而不是陷在指责和愤怒的情绪里不能自拔。

03

有时，孩子会调皮，我们应该管教她，但若管教后，我们仍一直陷在这个情绪里，随时又为这事指责孩子，然后随时看他（她）都觉得他（她）调皮。那么结果就只有一个，即他（她）就真的好像是一个一直都吵闹不听话，令人头疼的孩子。

但若管教后，就收拾打包，把这事放下、抛开，随时看他（她）都觉得他（她）仍然是那个可爱的、宝贵的、懂事乖巧的孩子，即使以后再遇到新的问题，也能很快得到解决。

纳撒尼尔·布兰特在《自尊心理学》中写到：一个人对自己的评价，将直接影响到他的核心价值观以及是否有积极的心态，而自我评价还会影响他的思维方式、情绪、希望以及人生目标，同时也影响他的行为。

生活中我们是怎样看待自己的，我们活出来的也常常就是什么样。孩子越小，他们看待自己的方式就越受我们的影响。我们

看待他们，如果是一直都不乖、一直都不好，看待他们时想到的都是他们令人头疼的时候，那我们就很难真正地、完全地去接纳他们，而他们可能也就真的始终这样令人头疼了。

但若每一次管教后，我们看见他们就好像才出生一样，就是单纯地喜欢他们，爱他们，喜欢和他们在一起，他们也就会越容易受管教，也就会越来越好。

随时用新的眼光看待孩子，是父母需要学习的、宝贵的功课。

越难管的孩子，
越给他更多的爱

01

有个妈妈写了一个真实的经历：她的女儿在幼儿园里被打了，当她赶到老师办公室，看到女儿被打得很严重，而打她的小男孩儿却是一脸的挑衅，也不肯道歉。老师说，这个男孩儿是班上最让人头疼的孩子，不仅打自己班上的同学，还经常打别班的小朋友。

男孩儿听说爸爸要来，瞬间变了脸色，战战兢兢的。爸爸来了后，在暴怒中对他拳打脚踢，还不停地说："生下你做什么？除了惹事，你还有什么用？"男孩儿的眼神充满惧怕和胆怯。

这位妈妈看到此景，立刻从生气变成了怜悯，孩子大概是长期在家中缺乏爱，被否定，才暴力对待同学的吧？从那时起，她开始去了解和爱这个孩子。

每天到幼儿园接女儿时,她都会带零食请男孩儿吃。男孩儿一开始很冷漠,不接受。依然还是打同学,在班上捣乱。有一天,她说:"你很帅哦。"男孩儿愣了一下,没有说话。之后的每天这位妈妈都会跟他说一句肯定他的话,一周后,他的眼神开始变得柔软,愿意吃她带去的小零食,也愿意跟她聊天。

她也请老师每天为男孩儿选一到两个闪光点去表扬他,老师说:"可是他没有呀。"她说:"比如,他这么会捣乱,说明他很聪明,是不是?"老师说:"对哦。"就这样老师也愿意去试一试,也开始关注男孩儿了。

男孩儿竟然一点点地开始改变了,他主动帮老师打扫卫生,帮同学的忙,也不再打人了。他从一个让所有同学害怕、让老师头疼的孩子,变成了让老师和同学真正喜欢的孩子。

一个即使被所有人甚至自己父亲都看为糟糕的孩子,若是用爱的眼光去看待他、肯定的话语来称赞他,他的表现也会截然不同。所以,只要心里被关爱填满,表现出来的也是关爱与友好。

02

圆圆有段时间厌学,说老师不喜欢她,她不想再上学了。每天听到上学就大哭,不愿意上校车。

圆圆妈妈跟老师沟通后得知,原来圆圆中午不仅不睡午觉,还总是大声说话,还会用手、脚打扰旁边的小朋友。老师想尽了办法，都没有用，惹得老师常常生气并批评她。

情况没有好转，圆圆依然常惹老师生气，老师让穿脱衣服、喝水等她也总是不动。而她也越来越不愿意上学，说老师不喜欢她。

圆圆妈妈想起，圆圆以前上托班时，开始也不睡午觉，也会大声说话。后来不仅学会了安静入睡，甚至还主动不用老师陪，都自己乖乖睡觉。为什么那时候圆圆能够很快就学会了安静入睡，现在却不愿意睡午觉，不仅厌学，甚至用手去抓、去推其他小朋友呢？

圆圆爸爸提醒说："那时女儿是很受肯定。以前送圆圆时，他们班最活泼的老师总是会离很远就跑过来接她抱她，从眼神里透露出的都是'宝贝，你来啦。见到你好开心，老师太喜欢你了'。有次去接她时，生活老师说，现在中午只要跟她说'你最乖啦'，圆圆一会儿就睡着了。"

于是圆圆妈妈跟老师沟通，可能圆圆是因为觉得老师不喜欢她，所以她对自己的评价也很低，表现出来的也越来越不好。现在首先需要解决她厌学和自我评价的问题，再来引导她入睡。请老师可不可以先每天多对她说："老师喜欢你，不管你听不听话老师都喜欢你。"

老师当天就对圆圆这样说了那些肯定她、喜欢她的话。下午妈妈去接圆圆时，老师说："今天圆圆特别乖。"回家后圆圆也说："妈妈，老师说她喜欢我。"圆圆妈妈说："是呀，妈妈知道老师喜欢你。那你喜欢老师吗？"她说："喜欢。"

从此，圆圆再也没有厌过学，每天又开开心心的，出门也很积极。过些天还说："妈妈，老师说同学们都喜欢我。"老师也说她现在都很乖，很听话，中午虽然有时会睡不着，但再也不会去大声说话或打扰别的小朋友了。

小小的孩子渴望得到爸爸妈妈和老师的关注、关爱，他们想当好孩子。当他们透过爸爸妈妈或老师眼中，觉得自己不是好孩子的时候，他们会对自己感到失望，会不喜欢自己，也会觉得沮丧。这些情绪，这些认知，会让他们的表现越来越糟糕，越来越难管。

但若知道爸爸妈妈和老师喜欢他，是因为他这个人，不是因为他的行为，也不会再害怕他们一会儿喜欢自己，一会儿不喜欢自己，他就会在心里觉得很安全，很被接纳，他表现出来的就会是积极与配合。

03

一篇心理学案例分析提到：叛逆的孩子都是在寻找自身的价值感。由于认知的偏差，孩子可能会因为某件事情而产生对社会和他人的不信任感，从而产生自闭、抑郁等情绪，若是这种情绪得不到合理的调节，必定引发孩子更严重的叛逆心理。

台湾著名作家三毛给人的感觉是不羁世事，随性自在，她的特别吸引着许多的人，许多人羡慕她的任性随意。可是，又有多少人看到了在那离经叛道的背后，她孤独的心和她寻求价值的渴望？

三毛曾在散文《一生的战役》中写道：我一生的悲哀，并不是要赚得全世界，而是要请你欣赏我。这个"你"，是她的父亲。

有一天深夜，父亲读了三毛的这篇文章，给她留条："深为感动，深为有这样一株小草而骄傲。"做女儿的看到后，眼泪夺眶而出。

三毛写道："等你这一句话，等了一生一世，只等你——我的父亲，亲口说出来，扫去了我在这个家庭用一辈子消除不掉的自卑和心虚。"

父亲曾经的不欣赏深深影响着她。她的一生，都因为童年时代的不被认可而笼罩着阴影。否则，她不会在后来走向自杀的道路。如果父亲一直都欣赏她，让她觉得自己是有价值的，自己是被爱的，结局一定不一样。

04

美国心理学家罗森塔尔等人于1968年做过一个实验。他和助手来到一所小学，称要进行一个"未来发展趋势测验"，并以赞赏的口吻，将一份"最有发展前途者"的名单交给了校长和相关教师。其实名单上的学生根本就是随机挑选出来的。

8个月后，奇迹出现了，凡是上了名单的学生，个个成绩都有了较大的进步，且各方面都很优秀。显然，罗森塔尔的话对教

师产生了暗示,左右了教师对名单上学生能力的评价。教师坚信这部分学生就是最有发展潜力的,一言一行都难以隐藏对这些学生的信任与期待,学生强烈地感受到来自教师的热爱和期望,从而使各方面有了异乎寻常的进步。

这一效应就是期望心理中的共鸣现象,称为"罗森塔尔效应",又被称作"皮格马利翁效应",是指热切的期望与赞美能够产生奇迹:期望者通过一种强烈的心理暗示,使被期望者的行为达到他的预期要求。

孩子越小,他们的心越敏锐,就越渴望被爸爸妈妈欣赏、肯定,越需要知道,爸爸妈妈不仅爱他(她),而是真的喜欢他(她)、认可他(她),真的觉得他(她)是与众不同、独一无二的宝贝,在这个世界上是有特别价值的,他(她)的存在是有意义的。

为什么有那么多孩子感受不到父母的爱?因为这份爱里一定要包含着接纳与欣赏。父母都爱孩子,可是不是所有父母都能欣赏孩子,真正喜欢孩子的一切。

孩子表现得越糟糕,越难管,越需要爸爸妈妈的爱,他们内心不想成为坏孩子,不想让爸爸妈妈失望,只是他们的自我评价让他们做不到,当他们也不喜欢自己时,表现出来的也就越不好,他们需要时间去调整。

如果爸爸妈妈看待他们的眼神都是充满着喜欢与欣赏,当他们即使在表现糟糕的时候,也知道爸爸妈妈依然爱他们。这份爱,会让他们越来越好。

第四辑

越懂得越快乐

HAOMAMA DAICHU HAOHAIZI

懂得孩子的心理,懂得孩子问题背后的真正原因,才能游刃有余地面对诸多状况,让育儿过程始终处于良性循环,让你分分钟不再焦虑。

多陪孩子，比为他做事更重要

01

好友阿香最近开始做微商了，她想在家里也能有一份事业，这样就能有更多的时间陪伴孩子成长。只是微商刚开始做没多久，她才发现，自己在不知不觉中变得易怒了，对孩子没有耐心了。当孩子需要妈妈的时候，她常常在跟客户聊天，回应客户，或者填快递单。

她想白天多抽一点儿时间陪孩子，等孩子睡着后再填单子，再去做相关事情。所以，陪孩子上床后，她总是很着急，叫孩子"快睡"，但凡孩子晚睡了一会儿，她心里就发慌。

不停地催促孩子闭眼、闭嘴，要是孩子半个小时、一个小时还睡不着，她就会很生气："干嘛还不睡着？往天多乖，今天在干嘛呢？"

其实孩子一直在努力让自己睡着,只是妈妈的焦虑传递给了他,反而让他睡不着。阿香明明起初的心意是为了孩子,可是后来却因为忙碌,让她心里总是安静不下来陪孩子,甚至怀有怒气对待孩子。

阿香的心思也不能全都在孩子身上了,孩子生病了,她也不如以前那么着急。陪着孩子、抱着孩子时,阿香也都是在用手机联系业务。

孩子感受不到吗?当然不是。孩子的心很敏感,能轻易地感受到妈妈的心每天都很忙碌,甚至有时候妈妈会觉得自己是一个麻烦,并且因为忙碌与烦躁很不喜欢自己,不喜欢当时和自己在一起。

孩子表现出来的,就是最近没有安全感,爱哭闹,爱和哥哥争宠,甚至半夜大哭不已。感冒也迟迟不好。

不一定是因为某件特别的事,当我们心里想着许多家务,被家务缠绕劳碌时,也难以安心静心回应孩子,有时也会觉得孩子麻烦,对孩子没有耐心。

明明自己是为孩子而劳碌,为什么反而怪孩子影响了自己做事呢?因为当心里只为事急躁,只惦记着事时,很容易就本末倒置了。很容易就忘了初衷,一心只想做完要做的事,事在此时就显得比孩子更重要了。

02

什么时候我们最容易对孩子发火?就是我们心里有自己的

事，心里为事情劳碌焦急的时候。

阿香记得，孩子很小的时候，她真的是只单纯喜欢孩子，任何时候和孩子在一起都会无比快乐、享受，也愿意24小时看着孩子，抱着孩子，陪着孩子。和孩子在床上，陪孩子入睡，也是她特别享受的时候，孩子的脸挨着她的脸，小手搂着她，独特的亲子时光，是她和孩子最喜欢的。

孩子偶尔生病晚上睡不着，她甚至能整夜不睡觉就这么抱着孩子，站着抱，走着抱，几天未眠也毫无感觉。那时候，她也很少看手机，因为和手机比起来，她更喜欢看孩子，和孩子在一起。她也极少对孩子发怒，因为在她的心里总是充满了对孩子的柔情与耐心。因为喜欢，所以享受。

可是，自从心里为事情劳碌焦虑后，就不一样了，即使做这事情的初衷是出于爱孩子，但当事情更多地占据了她的心时，就越来越和爱孩子无关了，甚至孩子成了影响她完成事情的因素。不知不觉心里竟升起自己不愿承认的厌烦情绪。

03

为孩子做再多，都比不上精心陪孩子半小时。你喜欢他（她），在乎他（她），愿意放下手中的事情来陪伴他（她），听他（她）说话，陪他（她）聊天，陪他（她）玩耍。他（她）才能感受到你的爱。

你若表现得不那么喜欢他（她），甚至觉得他（她）影响了

你做事,一心想着做那些自认为对孩子好的事时,孩子很难感受到你的爱。这时,他们就容易用哭闹、不听话等方式来表达自己的情绪和没有安全感。

其实孩子越小,有时候越像女人,女人最渴望的是丈夫全身心的关注,而不是忙忙碌碌做事、应酬,忽略自己、忽略家。

孩子也一样,最盼望的是爸爸妈妈喜欢他(她),享受和他(她)在一起,看见他(她)就开心。而不是忙忙碌碌地做事,忽略他(她)的真实需要。

当我们忙碌时,我们的注意力不在孩子的身上,也不愿意在孩子身上,一心想着做完再说,可是做完一件还有另一件,联系完一个客户又来了另一个客户,孩子在我们眼中,这时候其实是不重要的。

当我们任何时候看见孩子都喜欢,都愿意放下手中的事去回应孩子时,孩子感受到的就是自己是被重视的,自己是有价值的。这才是对孩子来说最重要的事。

04

很多时候,我们很容易从最开始的出于爱而所做的事,最后变成了责任、负担,变得比关系更重要、比爱更重要。

为什么许多人恋爱的时候双方都觉得美好,结婚后却渐渐平淡,不再甜蜜?很大一个原因就是,恋爱的时候,彼此就是单纯的喜欢。喜欢和对方在一起,喜欢并享受在一起的时光,看见对方就心无杂念，愿意放下一切，只为关注对方，关心对方。

结婚后，渐渐地心里就被许多事填满了，只剩下各种劳碌了，也失去了只单纯喜欢对方、享受和对方在一起的心。其实爱依然还在，只是这份爱被这劳碌遮盖了，即使这劳碌自认为是为了对方的缘故。

我们对孩子也是一样，既然是爱，那么爱的对象和爱的关系就更重要，而不是自认为的各种事务。

有可能忙着收拾衣服或整理房间时，孩子想要妈妈陪了，或者有话对妈妈说了。那么，请稍后再收拾或整理吧，认真地听听孩子说话，耐心地陪陪他（她）。其实，往往专心陪伴半个小时，很多孩子的心就满足了，就又开心地自己去玩了。

愿每个孩子在任何时候，都知道自己是受爸爸妈妈欢迎的，是被喜欢、被爱的，也是最重要、最有价值的。

孩子在外胆小退缩，也许因为常被你拒绝

01

某天，果果在小区里玩耍，她很想和哥哥姐姐们一起玩，但是她却怯怯懦懦地不敢去。非要我牵过去，去了后跟着哥哥姐姐们跑了一会儿，哭着过来跟我说："妈妈，他们不和我玩。"

我说："大家都在一起玩，都是这样跑来跑去的啊。"她继续哭着说："他们都不喊我的名字。"

我只能一直牵着她，亲自把她交给小姐姐，请小姐姐随时叫着她一起，她才破涕为笑，但是她看着还是很胆怯。没过一会儿，她又来找我，说要妈妈。这可不像我家的果果啊。

果果是怎样的一个孩子？性格活泼、大方，出去谁都不怕，总是主动找小朋友玩，还带领小朋友跟着她一起玩。

出去聚餐，常常是她去找别的小朋友，大方地自我介绍，大

方地问候对方，还想出各种花样领着小朋友玩。怎么突然就变得这么胆小？害怕被拒绝，觉得大家都不喜欢跟她玩？细细想来，才意识到是因为那段时间她被我拒绝得太多了。

02

果果那段时间学会了自己玩，我也几乎习惯了，也觉得果果懂事了、长大了，我不再像以前一样会花更多的精力和时间在果果身上了。而恰好这些日子，依依的成长太快，变化太大了，我就忍不住将更多的眼光放在依依身上。也因为这段时间，自己的事或想做的事太多了。所以，在果果需要我的时候，常常出现这样的场景，"妈妈，来陪我玩嘛。""你自己玩吧，宝贝，妈妈还要忙呢。"

有时候她跟我说很久的话，我才回应她。甚至有时候心里烦躁，态度不好，语气也不好，给她传递的感受也是：妈妈不喜欢我了，也不愿意陪我玩了。特别是晚上睡觉，因为希望她能早点入睡，就总是对她很着急，也给她的感受是：妈妈真的不想陪我一起睡觉，不想和我在一起了。

拒绝的次数多了，果果的心就没有安全感，也没有价值感。因为孩子的安全感和价值感都来自于父母的认同与关爱。

当我们不愿陪孩子一起玩，不喜欢、不享受和孩子在一起，甚至有厌烦情绪，也常常拒绝孩子时，他（她）就会觉得：所有人都不愿和他（她）一起玩，都不喜欢和他（她）一起玩了。所

以孩子在外面时也会表现出胆怯、退缩、爱哭。

03

意识到问题后,我开始调整。果果希望我陪她玩时,我就好好地陪她玩一玩;她跟我说话时,我也好好地听她说话,陪她聊天;带她睡觉时,我也不再传递着急的情绪给她,而是让她感受到:妈妈喜欢你,愿意陪你一起睡觉。

孩子越小,越容易接收爸爸妈妈的爱,也越容易很快地就随爸爸妈妈的态度而转变。我才调整了不过一两天,果果就又变回了原来的果果。

楼下邻居姐姐过生日,果果去参加生日聚餐。去的时候发现有一个不认识的大姐姐,那个大姐姐是其他小区的,还比较认生,所以都一直没有说话,果果就说:"这个姐姐还不认识呢。"然后就主动地自我介绍,又让过生日的姐姐介绍这个大姐姐,很快很自然地就和大家一起玩了。

我带依依上楼睡觉时,果果也没有哭着找妈妈。等依依睡着后我再去看她,她依然玩得很开心,自己拿了一个气球,又主动地给一个哥哥拿了一个风车,哥哥没要,她也不觉得被拒绝,又把风车给了另一个姐姐,一副开心自在的模样。

在小区里玩的时候,看见小朋友又主动地去和小朋友开心地玩,要是没有同龄的小朋友,她还会牵别的小宝贝的手,要小宝贝和自己的妹妹一起跟她玩。如果连一个小朋友都没有的时候,她就跟婆婆和阿姨聊天，讲故事，说特别多的话。嗯，这才是我家那个活泼、大方、主动、爱笑的果果。

当我们愿意回应孩子的需要，喜欢陪孩子玩的时候，孩子的心里就会有安全感、有价值感，就会觉得自己是被认同的、被喜欢的，孩子也会觉得自己在外面也是被欢迎的、被喜欢的。

04

孩子会从我们的态度来认识自己，会用我们的眼光来看待自己。而他（她）如何看待自己，也就会觉得别人也会如何看待他（她）。特别是年幼的孩子，父母如何对待他（她），会对他（她）的人际关系、与人相处的模式产生深远的影响。

当我们的孩子在人群中表现得胆怯、懦弱时，我们就想想，是不是我们拒绝孩子的次数太多了，我们给孩子传递的感受是：不喜欢和他（她）在一起，不愿意和他（她）一起玩？

我们爱孩子，希望我们的孩子能够在人群中不胆怯，能够有信心、有勇气，活泼大方，那我们就不要总是拒绝孩子。

当孩子希望我们陪他（她）玩的时候，我们就好好陪他玩。或者每天定个特别的时间，专心地陪孩子玩，比如晚饭后的一段时间，也可利用睡前的时光尽情享受一段亲子时光。

当我们陪孩子玩的时候，我们也要融入其中。其实，这时候的我们能够像小时候一样，好像我们也回到了童年，和小孩子说说童语，演演角色，保持童真，也是一种放松的方式。当我们投

入的时候,也会觉得很快乐、很享受。

当我们喜欢和孩子在一起的时候,我们的孩子也会有更多的勇气面对生活,有更多的信心面对他人。愿我们的孩子都在爱的氛围中快乐成长。

别再
说伤害孩子的话

01

小黎已经二十多岁了,和同龄人比起来她显得很朴实。熟悉后,她告诉我,她的内心很自卑,她不知道怎么穿着,甚至有时候在一些重要场合她也不会打扮。不仅是穿着,在很多方面,她都觉得自己不如别人。

她说,其实小的时候她是很自信的,不管穿什么衣服、梳什么发型,她都觉得自己好看,笑得灿烂,性格也开朗外向。只是读小学的时候,有一次妈妈去了外地几天,回来后看见她,第一句话不是想念,而是用非常讶异的眼神和语气说:"你这什么装扮呀?怎么跟个村姑一样。"妈妈连说了好几遍,叫她马上去换掉。她去换掉那身衣服了,同时换掉的还有她的乐观和自信。

"村姑"这个词在她骨子里像扎根了一样,对于穿着打扮

甚至其他方面,她都觉得自己不懂,也不会。和好朋友们在一起时,她常常觉得自己需要仰望别人,也像一个小跟班。上学时或者工作中遇到机遇,也没有勇气去抓住,觉得自己更适合躲在安静的角落里。其实,小黎很漂亮,有很多优点,还很招人喜欢。

因为妈妈一句无意中否定的话,就如此深远地影响了她对自己的看法,让她看不到真正的自己,错过了很多快乐与机会,一直活得小心翼翼。

02

戴尔·卡耐基是20世纪最伟大的成功学大师,美国现代成人教育之父。然而他小时候却是公认的非常淘气的一个坏男孩儿。

他很小的时候,妈妈就去世了。在他9岁的时候,他父亲把继母娶进了家门。当时他们是居住在密苏里州乡下的贫苦人家,而继母则来自经济条件较好的家庭。

他父亲一边向她介绍卡耐基,一边说:"亲爱的,希望你注意这个全郡最坏的男孩儿,他可让我头疼死了,说不定会拿石头扔向你,或者别的什么坏事,总之让你防不胜防。"

出乎卡耐基意料的是,继母微笑着看着他。接着又看着丈夫说:"你错了,他不是全郡最坏的男孩儿,而是最聪明的男孩儿,只是还没有找到发泄热忱的地方。"卡耐基的眼泪几乎滚落下来,因为在她之前没有一个人称赞过他聪明,无论是他的父亲还是邻居。

凭着这句话,他和继母开始建立友谊。也就是这句话,成为激励他的一种动力,使他日后创造了成功的28项黄金法则,帮助了很多的普通人,成为20世纪最有影响力的人物之一。不过是一句话,却改变了他的一生。

03

我们常常小瞧我们口中的话,忽视了这些话对孩子的影响。我们用正面的话祝福孩子,孩子就能得到祝福,我们用负面的话评判孩子,孩子就仿佛被诅咒。

曾看过一个令人悲痛的新闻,一个已经读到了常春藤的女博士,这个令别人都会称赞和羡慕的优秀孩子,却因为母亲的责备一跃从楼上跳了下来。

原来,这位母亲是一位老艺术家,在事业上非常成功,性格上追求完美,平时对自己严格,对女儿也特别严苛。

女儿读博士期间,母亲去美国看望她,本来应该很温情的画面,可是依然重复着以前的相处模式,不知为何母亲就责备起女儿来。

女儿非常伤心地看着母亲,问了一句:"我是不是永远都没办法让您满意?"

母亲回了一句话:"你觉得自己做得很好么?"

这句话如同"压死骆驼的最后一棵稻草"一样,压垮了女儿的精神世界,女儿打开窗户一跃跳了下去。最终没能救回来。

其实，母亲很爱她，也以她为傲。可是在孩子面前，母亲习惯了责备和讽刺。

鼓励？刺激？对不起，孩子在这些话里只能感受到刺激，但是鼓励是没有感受到的。这些话对孩子只会产生伤害，只会让孩子一次次否定自己，否定父母，并且一次次地走向绝望。

04

我们都爱孩子，可是我们是否常常放任我们口中的言语去伤害孩子呢？有些话很容易夺口而出："你怎么这么笨。""我怎么会生下你？""你看邻居谁谁多懂礼貌。""我怎么会有你这样的孩子？""走开，不要你了。"

心理学提到，家庭是对孩子影响最深刻的生活环境，父母会通过语言给子女带来好的影响，但也可能在不经意间给子女的心理健康发展产生消极影响。

这就是为什么孩子越小，父母对孩子话语的影响越大，我们不经意的一句话，孩子都会接收到心里，然后产生正面或负面的反应。

孩子的心是单纯的，也是脆弱的，需要我们的呵护，这呵护来自父母的爱与关怀，真正明白孩子的需要。孩子最需要的不是父母不断给予的物质上的满足，而是父母话语的认可，在这些话语中孩子看到父母对自己的评价，他也透过这些评价看待自己和感受父母的爱。

经常被父母鼓励的孩子往往是积极的、乐观的，感觉到被爱的，也有能力爱他人。经常被父母用话语负面评价的孩子容易消极、退缩，没有安全感，感觉不到被爱，甚至成为伤害别人的人。

为了孩子，作为父母的我们，一定不要掉以轻心，以为说句话也没什么的，谁知可能就那一句话影响了孩子的一生，让孩子走上了截然不同的道路。

一句正面的话、鼓励的话，就像甘露滋润孩子的心，会产生难以置信的效果。一句负面的话、伤害的话，会像钉子一样钉在孩子心里，即使钉子拔出来了，那钉痕却往往是一生之久难以愈合。

让我们谨慎我们的言语，小心每一句话，别再说伤害孩子的话。让每一句话都是正面的、积极的，每一句话都带着爱的能量，而不是如同伤害的利剑刺入孩子的心。愿我们的每一句话都成为孩子一生的祝福。

孩子做不到的时候，给孩子恩典帮他做到

01

好友的儿子上幼儿园已经一年多了，白天依然尿裤子，每天都会尿湿很多条，在学校是这样，在家也是这样，每次尿完裤子，好友都会骂他："这么大了，撒尿还不知道喊？下次如果再尿湿裤子，看我打不打你？"可儿子还是尿裤子，尿一次她就打一次，但这似乎一点作用都没有。

朋友带着儿子到我们家来玩两天，晚上大家都已经睡着了，突然听到好友大声责骂孩子："怎么又尿到床上了？尿尿怎么不喊人？"好友的骂声特别刺耳，好像跟大人吵架一样，完全不像是在面对一个3岁的小孩，而且这责骂竟维持了半个多小时，迷糊睡着的我听着这骂声竟然做起了打打杀杀的噩梦。而她家孩子半夜还有几次大哭，撕心裂肺的。

第二天一早好友道歉:"对不起,孩子把尿撒在床上了。还有,昨晚吵到你们了。这孩子,不知道为什么半夜总是大哭。"

第二晚,我、好友以及她孩子一起睡觉,睡觉前好友一再叮嘱孩子:"晚上想上厕所一定要告诉妈妈,千万不要尿到床上。"小马桶放在房间里,睡觉的过程中,朋友很惊醒,孩子稍微一动,她马上起身问孩子:"是不是要尿尿?是不是要尿尿?快。"立马就把孩子抱起来把尿,有两次是真的尿了,但更多次是没有尿。夜里,除了把尿的时候会醒,孩子也总是被惊醒大哭。

第二天早上,我告诉好友:"知不知道宝贝半夜为什么总是哭?因为他太紧张了,你给他的压力太大了。"

晚上原本是安睡享受休息的时间,可是睡觉前你一再叮嘱他,尿尿一定要告诉妈妈,千万不要尿在床上。他知道尿在床上妈妈会生气,他也不想尿在床上,所以他睡觉的时候总是害怕,睡不踏实,特别是他想尿尿又困得不行时,他只有大哭。

你的紧张、焦虑、气愤、指责,给了他太大的压力,让他更加迷茫,不知道该怎么办,所以他只能大哭。

02

好友问:"那怎么办?如果不喊他,他就会尿在床上。"

我告诉好友:"很简单,用拉拉裤或者尿不湿。并且在睡前告诉孩子'宝贝放心睡觉吧,不用担心会尿在床上或身上,因为

拉拉裤会帮助你,你只管好好睡觉,什么都不用想'。睡个踏实的觉,对孩子和你来说,现在比什么都重要。"

好友接受了我的意见,当天晚上,她就给孩子用上拉拉裤了,并且说:"宝贝,今天晚上你安心地睡觉吧,不用想尿尿的事,也不用担心,即使尿尿了,也有拉拉裤,不会把床单和裤子打湿的。"

她从来没有这样对孩子说过话,以前都是叮嘱甚至恐吓孩子:"如果尿尿妈妈就会打你。"

当天晚上,孩子一次都没有哭,也没有中途醒来要妈妈抱,一觉睡到天亮。好友很兴奋,告诉我:"这是我们孩子第一次晚上睡过夜,第一次半夜没有醒、没有哭。"

孩子的心踏实了,不用担心做"坏事",会惹妈妈生气和不高兴了,自然就能安睡了。

03

更奇妙的还在后面,整个白天,孩子竟然没有一次尿在裤子上,每一次尿尿,都会喊妈妈。回家后好友反馈,孩子再也没有白天尿过裤子,不管是在家,还是在学校。孩子竟然从此学会了上厕所。晚上再也没有大哭过了。

一直让好友头疼的孩子上厕所和晚上睡觉的问题,竟然就这样轻轻松松地解决了。其实,孩子需要的不是惩罚,而是体恤。

不论你叫他(她)做什么,他(她)做不到,你指责他(她),在怒气中打他(她)、骂他(她),都不能真正帮助他

（她）。他（她）也不想这样，可是他（她）还小不知道该怎么办。内心的紧张、压力和害怕，会让他（她）反而在这件事上越来越做不到。如果换一种方式，在孩子暂时做不到的时候，你去帮助他（她）做到，一切问题都会迎刃而解。

比如，孩子不喜欢吃饭，强逼着他（她）吃，甚至硬喂他（她）吃都没有用，孩子不喜欢吃饭，就控制他（她）的零食量，给他（她）吃开胃的食物，做美味好看的食物，孩子不爱吃都难。孩子晚上尿床，如果做不到不发怒气、不训斥、平静、喜乐地给孩子把尿，做不到即使孩子尿了床也不指责他（她），而是默默换掉床单。那么，不如给他（她）尿不湿帮助他（她）做到。

告诉孩子应该做什么还不够，给孩子恩典帮助孩子做到，才是为人父母最需要做的。

04

孩子越小，越难以表达自己的情绪，越渴望得到爸爸妈妈的喜欢，渴望在每件事上都能让爸爸妈妈满意。

当他（她）做不到，当他（她）总惹爸爸妈妈生气时，他（她）也会对自己生气，也会烦恼，也想改掉。这种不知道该怎么办，想做好又做不好的矛盾在他（她）内心时，他（她）表现出来的就是更做不到，更做不好。

所以，我们做父母的，凡事不要着急，不要紧张。更不要为

一件孩子现在做不到的事去一味地指责孩子。这不是纵容，而是学会有智慧地爱与管教。

孩子需要的不仅仅是告诉他（她）要做到什么，更需要的是告诉他（她）怎么样才可以做到，是让他（她）知道，即使现在做不到也没有关系，爸爸妈妈会陪他（她）一起学会的。

这样的态度会让孩子安心，会让孩子和爸爸妈妈一起接纳现在的自己，会让孩子知道，任何时候都不用紧张和害怕，因为爸爸妈妈会帮助他（她），陪伴他（她）。这种笃定感与安全感会帮助孩子更快地学会他（她）该学会的事。

其实，我们不也一样吗？初到职场的时候，不熟悉工作，老板也不给我们安排带领我们的人，也不培训我们，就给我们一个任务，然后还给我们很高的标准，并且不停催促我们。从没有接触过这类工作的我们做得慢，做得不好，老板就不停地训斥我们，嫌弃我们。我们只会越来越紧张，越来越做不好，越来越手足无措。

可是，如果老板先给时间培训我们，给我们安排老员工帮带我们，来了一个任务，先有人手把手教我们，允许我们有成长的空间，第一次犯错后也不会太多地批评我们，那么，我们反而能更快就上手。这样，老板省心，我们也能有所进步。

所以，孩子更需要我们的帮助，更需要我们给他们空间成长和进步，更需要我们手把手地教他们，而不是一味地批评和指责。

05

有一个妈妈,她的女儿学习迟钝,总是落后于别人,刚开始她总是很生气、很着急,也总是说:"这么简单你都不会?"

后来她接纳了女儿的特质:女儿确实是比别的小朋友成长得慢一些。接纳了,才会有真正积极有效的行动。

女儿反应慢,她就陪着女儿慢慢做作业,耐心给女儿讲问题。女儿英语不好,她就每天和女儿用英语对话,一起看英语动画片,给女儿抽写英语单词。女儿协调性差,体育不行,就每到周末和丈夫带着女儿到广场去跳绳。

她对待女儿不再是焦虑与指责,而是用耐心一点点地花时间陪女儿成长。没想到,不到一年的时间,女儿的学习成绩竟然慢慢赶上去了,从以前班里的倒数一跃成为年级前几位,女儿的英语也说得溜顺,女儿的跳绳成绩竟然也能在体育比赛中拿到第三名。

真不可思议,反应迟钝、思维缓慢的女儿,当妈妈不再只是批评她、训斥她,而是接纳她,耐心地陪伴她,不知不觉发生的转变竟是她们都没有想到的。

当孩子在一件事上反复惹你生气时,不要再陷在这个漩涡里面与孩子反复打拉锯战了。好好想想,如何才能在这件事上帮助孩子。做父母的,不要只是一味地恐吓批评孩子,而是应该常常给孩子恩典。因为前者只能带来更多的恐惧和退缩,而后者才能发生真实有效的改变。

这样陪玩，
最高级

01

亲子育儿专家李长安在《父亲的责任》讲座中，讲了一件事：两个儿子一直盼望野营，有一次他们终于买好帐篷，定好出发的日期和地点了，结果那天下雨了，没能出去。孩子们好失落，因为他们为这次野营准备了很久，超级开心和期待。

李长安灵机一动说："有了。我们今晚在客厅露营。"太棒了。两个孩子兴奋起来。搬茶几、搬沙发，安装帐篷，拿出准备好的食物、玩具，天暗后不开灯，打着手电筒。一家人躺在帐篷里，说说笑笑，很是惬意。那晚，他们真的全家睡在客厅里。

有人可能会想：就为了满足孩子的愿望，这么折腾，多麻烦啊。

李长安说："一点不麻烦，我小时也没有露营过，和孩子们这样折腾,还觉得挺好玩的。"

他真的是很享受陪孩子们玩的过程,喜欢周末带孩子们去游乐场,骑自行车,爬山,打球,以及任何孩子们想玩的新花样。和孩子在一起,他可以当小狗汪汪叫,可以当小马给孩子们骑,还可以钻桌洞。

他说:"放下身段,进入孩子的世界,用心陪孩子玩耍,是做父母的必修课。"

02

陪玩说来简单,做好却不容易。前段时间,带着果果回老家,她结识了一个新朋友——比她大几个月的小女孩儿妍妍。

妍妍长相乖巧,但只要她说话,那表情,就不一样了。妍妍总是瞪着眼睛命令别的小朋友:"球球你过去,果果你站在这里。""你们都得听我的,我说了算。""必须,听见没有?必须。""你在干嘛?不许,再这样我打你。"这些话从一个不到5岁的小女孩口中说出来,总让人感觉很难受。

每次妍妍吼别的小朋友,她们倒也乐意听她的,可是当小朋友再长大一些呢?谁愿意自己被朋友不断指挥、命令,甚至一言不合就被说,"今天我不想和你玩,一边去。"妍妍再长大些怎么办?

有一次我问她:"妍妍,为什么要别的小朋友都必须听你的呢?"妍妍昂着头回答:"就是必须。她们不会玩,只有我才知

道什么好玩,谁听我的,我就跟谁玩。""那怎么还动不动就说'打你'呢?"我接着问。"我妈妈就是那样,要把我屁股打得开花。"妍妍依旧昂着头回答。

后来不久,我们几家人约着一起带小孩子去农家乐玩,平时妍妍都是奶奶带着,那天终于见到了妍妍的妈妈。在陪孩子们一起玩游乐设施时,我一下子就全明白了,妍妍和小朋友在玩耍中的表现,真是和妈妈对她的方式一模一样。

妍妍想玩会儿沙子,妈妈说:"不行,女孩子玩什么沙子?去玩荡秋千。"看到别的小朋友打水枪,她说:"妈妈,可以也给我买一个水枪吗?我从来没玩过。"妈妈说:"水枪有什么好玩的?走,妈妈带你去画画。"妍妍恋恋不舍,但还是跟着妈妈去了。

画画的过程中,妈妈一会说:"不是这样画的,你画到外面了。""别用这种颜色,换一种。""你不听妈妈的,妈妈就不陪你玩了。""相信妈妈,妈妈选的肯定没问题。"

好的陪玩,本该是放飞孩子幼小的心灵。我却仿佛看到,妍妍那颗小小的心,在妈妈这样的陪玩中,反而越来越被辖制,越来越压抑。等到和其他小朋友们在一起玩时,她就好像释放的小鸟一样,瞬间开启指挥模式。

育儿作家、百万粉丝育儿大号号主大J说:"陪玩第一条,永远不要先想着教,先确保让孩子心里的大门愿意一直对我们敞开。如果每天真的只有15分钟给孩子,那就先放下一切,心无杂念地和孩子一起大声地疯笑吧。"

陪玩过程不该是我们继续管教孩子、纠正孩子的过程，而是享受和孩子在一起。

李长安陪儿子在客厅露营、搭帐篷，邓超在微博秀出他的头发被孩子扎无数根小辫子、被画手指甲，从这些都可以看出他们好像也变成了小孩子一样，陪孩子疯，陪孩子闹。

放下大人惯有的说教与要求，这样的陪玩，才会成为孩子记忆中的珍宝，也才会帮助孩子学会和其他人友好地相处。

03

前两天，好友阿然给我打来电话，话语里全是对儿子小叮当深深的懊悔和难过，到最后甚至哽咽得说不出话来，我的心也跟着疼。

医生说孩子的语言发育迟缓，不是先天的，是大人跟孩子的互动太少了。医生问："你们从来不陪孩子玩吗？平时多陪孩子玩，多跟孩子说话，孩子不至于这样。""除了语言迟缓，孩子眼神也有点木讷，你这当母亲的都没有发现吗？"医生的责问像刀子一样扎在阿然的心里。

小叮当的爸爸在外地上班，一年回来的时间很少。而阿然，当初明明是为了陪伴小叮当成长，所以辞职在家带小叮当，为什么会成了这样？

阿然说："我现在才意识到自己竟然从没有好好陪小叮当玩过。"阿然对家务并不熟练，全职在家后，她被家务弄得手忙脚

乱,加上她想着小叮当是儿子,放养对他可能会更好。所以平时的场景基本是:她心里想着事,手里忙着家务,小叮当自己在旁边玩,从最开始独自躺着,到后来自己坐着,再到后来自己到处爬、到处走。

偶尔有空了,阿然就想休息一下,看看手机或电视,小叮当依然自己玩。这几年里,她竟然从来没有陪小叮当玩过积木,更没有给小叮当读过绘本。她还曾经感到自豪,自己的孩子不像别的孩子那么缠人,她培养了一个独立自主的小男子汉。

直到同龄的孩子早就会说整句话了,小叮当还不会说话,阿然才开始担心起来。阿然以为自己整天都在小叮当的身边,也算是陪他了,却不知道"没有或缺少互动的陪伴不是真正的陪伴"。

我们的情况或许没有阿然这样严重,但可能也常常是一边陪孩子,一边看手机;也可能是自己在看电视连续剧,给孩子用iPad放动画片;或者和孩子玩耍时,却心不在焉,孩子问什么,根本没有听进去,只是随意"嗯、哦",这样的陪玩实在不高级。比花时间陪孩子玩更重要的是——用心,专注。

米奇·阿尔博姆在《相约星期二》一书中描写他的老师:当莫里和你在一起时,他会全身心地陪伴你。他注视着你的眼睛,倾听你的说话,那专心致志的神态就仿佛你是世界上唯一的人。

莫里说:"我喜欢全身心地投入,就是说你应该真正和他在一起。当我现在同你交谈时,我就尽力把注意力集中在我们的谈话上。我不去想上个星期我们的会面,我不去想星期五要发生的事,我也不去想科佩尔要制作的另一档节目,或我正在接受的药物治疗。我在和你说话,我想的只有你。"

而这也正是我们陪孩子玩耍时应该有的态度:我在和你玩,我想的只有你。

04

李长安的妻子冯志梅说:他们家有一个规定,每天晚饭后,会有15~30分钟的特别陪玩时间,这个时间段玩什么、怎么玩,完全由两个儿子说了算,爸爸妈妈只负责配合。

这是孩子们最喜欢的时刻,常常吃完饭简单收拾后,她喊一声:"你们的时间开始啦。"孩子们就会兴奋地跑过来,和爸爸妈妈一起玩他们自己准备好的游戏。

在这段时间里,孩子是完全的引导者,爸爸妈妈手机关机,家务放下,什么都听他们的,随他们怎么折腾、怎么要求,也都像小孩子一样乐在其中。这样的陪玩,除了让孩子的领导和创新能力得到训练和发展,更让他们感受到被尊重、被认可,在内心深深感激着父母,将来也愿意给父母全心的陪伴。

美国《发育与精神病理学》期刊上的一项研究显示:父母多与孩子一起玩耍、交流,有利于其青少年期甚至成年后的心理健康,减少他们出现人格障碍的风险。也有学者说:"爸爸妈妈每天花点时间陪孩子玩,就是最有心的'早期教育'了。"

我们当父母的,一定要把陪孩子玩耍当做非常重要的事情

来做。

我们在忙碌的时候,是可以有创意地带着孩子一边做事一边玩。比如带着孩子一起收拾和整理房间,假装玩攻城堡和探险的游戏,一个房间一个房间地攻克;做饭时带着孩子玩准备野餐食物的游戏,洗车时则玩水枪洗车游戏。

平时也需要主动找一些适合孩子年龄段的亲子游戏项目,比如手工、画画、跳舞、打球等都很好,带着孩子在玩耍中学到技能。但除此之外,每天尤为重要的是,一定要有特定的时间给孩子,没有要求、没有指责,只是单纯地和孩子玩,认真地与孩子互动。

放下身段,全心全意,看见孩子,尽情玩耍,这才是最高级的陪玩,也是最深入孩子内心的方式,能让孩子感受到无条件的爱与接纳,也会让孩子的性格更阳光、开朗。

愿每个父母都不在将来出现遗憾,每天更用心地陪孩子玩,并快乐地享受其间。

必须全心陪伴孩子的四个时刻

01

德籍华裔妈妈枭帆说，在他们家有一个"大床亲子时刻"，就是每天早上醒来后，两个孩子可以跑到爸爸妈妈床上赖十多分钟的床，和爸爸妈妈亲近嬉戏。

这样的时刻孩子们非常享受，也进一步促进了亲子关系。即便我们没有这样的"大床时刻"，也可以在孩子早上醒来后，先不急着对孩子催促：快点穿衣，快点起床，快点洗漱，快点吃饭。先花5分钟的时间静静地抱一会儿孩子，对孩子说："早上好。爸爸妈妈爱你。"对孩子说一些爱的话语。

奇妙的是，当你花5分钟什么都不催孩子，心里不记挂事情，不惦记时间，不害怕迟到时，只是专注地爱孩子，关注孩子，喜欢孩子，接下来，孩子总是不知不觉就乐意跟随你的引导，很快地完

成了其他的事情。也许以前需要在你不断督促下花几十分钟才能完成的起床洗漱的系列事情,现在不知不觉几分钟就搞定了。

02

孩子即将和妈妈分开,特别是孩子越小,心里越会不舍,所以在送孩子上校车或进校门前,需要给自己和孩子最少5分钟的时间,全心陪伴孩子,与孩子聊天。

也许是在送孩子的路上,和孩子聊天,认真回应孩子的问话,让孩子感受到你是在关心他(她),你喜欢他(她)。也许是在进校门前,先对孩子好好说几句爱的话,尽量不要说:"你在学校要如何如何,不要如何如何。"那些话可以在其余的时间说。因为高质量的陪伴是忘记改变对方,单单享受其间。只要告诉孩子:"妈妈爱你,喜欢你,也会想念你。"

有时候,我也会忘记,上学的路上可能只惦记着快点到学校,到了学校快点把孩子交给老师。这样有时孩子会表现出非常不舍,不愿离开妈妈。但若我给了孩子即便只是5分钟的全心陪伴与关爱,而非督促想要快点把她送进学校,她反而会非常开心、非常干脆地跟我说"拜拜"。

03

孩子刚刚经历一天和父母的分开,很需要爸爸妈妈的抱抱和亲亲，需要和爸爸妈妈说一些贴心话。有位育儿达人有一篇文章专门写到孩子从幼儿园回家后，父母先要给孩子陪伴的时间。

鱼儿妈妈的亲身经历也是如此。把鱼儿从幼儿园接回家后，若是她忙着去做饭，或者去做别的事情，孩子就会比较容易吵闹。若是她提前把许多事情先准备好，鱼儿回家后就专注地陪伴他5分钟，什么都不想，就陪他玩、陪他聊天，那么接下来，鱼儿往往可以很安静地等候她去忙别的。

孩子一天没有见到父母，心里很想念父母，也很想知道爸爸妈妈这一天有没有这样想念自己。分开后刚见面，我们先要满足孩子的情感需求，要先让孩子感受到爸爸妈妈有一样的思念。

04

孩子能够安然入睡的一个前提就是：内心有安全感，知道自己是被深爱的，是被父母照顾着的，是安全的。有些孩子迟迟不愿睡觉，是因为舍不得和父母分开。觉得一闭上眼睛睡觉，就看不见爸爸妈妈的身影，听不到爸爸妈妈的声音。就想一直让自己不睡觉，这样就能一直和爸爸妈妈聊天，一直有爸爸妈妈陪着。

所以在孩子入睡前，最重要的是给孩子足够的爱、足够的温柔，而不是不停地督促："快点睡觉，马上睡觉。"如果这样，反而会给孩子紧迫感，反而让他更没有安全感，更难入睡。即使好不容易睡着了，如果没有大人在身边，也睡得不安稳，甚至容易惊醒哭闹。

相反，如果在孩子入睡前，花5分钟什么都不去担心、不去考虑，只是专注地看他（她）、爱他（她）、喜欢他（她），听他（她）说说话，即使叫他（她）睡觉也是在回应他（她）的话之后，柔声地说："好的，宝贝，乖乖睡吧。"

不仅对孩子说爱他（她），也要让孩子真切地感受到父母的爱和喜欢。孩子在睡前被父母爱够了，心里满足了，就很容易睡得安稳。

特别要提醒的是，全心陪伴孩子，一定是真正高质量的陪伴。

临冰界说："真正高质量的陪伴应该是全情的投入，应该是双方都享受的亲子时光，你在陪伴孩子，孩子也在陪伴你"。

这样高质量的陪伴是：就是喜欢你，就是想和你在一起，就是喜欢和你一起玩，喜欢听你说话。

早上起床后、送孩子上学前、接孩子放学后、晚上睡觉前这四个时刻的共性是：孩子与父母分开前或与父母分开之后相见时。这样的时刻如果全心陪伴孩子，给足孩子内心的爱和被关注的需要，会极大程度上降低孩子的分离焦虑，也会让孩子更快乐、更安静、更顺服。

在四个时刻给予孩子全心的陪伴，无论是父母还是孩子都将受益无穷。

别只在朋友圈里陪孩子

01

好友阿珍说,有一天,丈夫带着她和孩子一起出去玩。在一个画画摊上,丈夫选了个石膏画,孩子挑了一个贴闪钻的美人鱼画像。这场景实在暖心,阿珍就拿出手机准备给他们拍个照发朋友圈。

孩子边贴边喊:"妈妈,快点陪我贴。"她边说:"马上,马上。"阿珍一边用手机不停地拍,一会儿是合照,一会儿是单人照,一会儿侧面,一会儿正面,一会儿远景,一会儿近景;一边思考发朋友圈时配文要怎么说。

孩子继续喊她,丈夫也发言了:"你别光顾着照相,好好陪她画嘛。"

阿珍突然意识到:孩子需要的是妈妈此时此刻的陪伴,可是

妈妈却"身在曹营心在汉",一边好像在陪她,一边心思却在朋友圈。

02

有篇文章写出了很多妈妈和孩子的真实状况:女儿很不喜欢和妈妈出去旅游,因为每次出去旅游,妈妈只会不停地给她拍照。特别是每到一个景点,妈妈就会让她摆各种姿势,拍了一张,说:"不行,这张不好,不能发朋友圈,重新来一张。"有时一个姿势要拍五六次。

一心想着拍照发朋友圈或被点赞,希望朋友圈里的人对她说:"又带孩子出去旅游了呀?真是个好妈妈。"孩子却苦不堪言,觉得这样的旅行和陪伴索然无味。

孩子在乎的是什么?是妈妈能够和孩子尽心尽兴地一起旅游,和孩子一起看风景、观人物,和孩子一起为所见所闻而感慨、惊叹,和孩子一起沉浸在这份趣味与美好中,才是真正地和孩子在一起。

如果妈妈始终活在朋友圈中,这样的陪伴不如不要。

03

我也发现,果果越来越大,却越来越不喜欢拍照,拍照越来越不配合。每次出去玩,我们叫她照相,她都东躲西藏。有时感觉这场景很不错，马上拿出手机来拍照，果果就会说："妈妈，别给我照相。快玩。"

原来还不理解，到现在才明白。孩子需要的是能和她全心在一起，在此时此刻感受到你全部的关心、关注。而当我们拿出手机拍照时，我们想到的是什么？以前或许是单纯地想留下记录，但现在想的更多的是，我要发朋友圈。

甚至有的性子急的妈妈，和孩子正玩得起劲时，或孩子正玩得开心时，马上拍照片发朋友圈。而孩子在一边着急地喊："妈妈，快玩嘛。"妈妈埋头说："嗯，好，等下，妈妈发完就玩。"

前些日子，带果果去舅舅舅妈家，和外公外婆一起去看了大熊猫回来，一家人都埋头看手机整理照片，你传给我，我传给你，传完又选照片发朋友圈。

果果跟我们说话，谁都顾不上，也都没理她，求关注的她竟然"唰"一下坐进了洗脚盆里，又一下打翻了洗脚盆。这下，每个人都放下手机，收拾这堆烂摊子，又收拾她。

多少次，朋友圈夺去了我们的心，孩子想要的陪伴，我们却没有给。

04

和孩子在一起，放下手机，原来不只是要放下手机里的聊天、游戏，也是要放下用手机拍照的想法。

发朋友圈是想获得别人的点赞、认可，是满足自己内心的虚

荣，这些都是做给别人看的。忘记朋友圈的陪伴才是用心的、专注的，是孩子真正想要的，是真正让孩子感受到爱与关注的，是唯独属于你和孩子的珍贵时光。

其实，我们的孩子最需要的莫过于父母全身心地陪伴他（她），注视他（她）的眼睛，倾听他（她）的说话，专心致志的神态仿佛他（她）是世界上唯一的人。

不去想拍照，不去想选哪些照片发到朋友圈，不去想配哪些文字。心里只有和自己在一起的孩子，这样的时光弥足珍贵。也许，就是这些点点滴滴的全心陪伴的时光串联在一起，成为孩子生命里的光，也成为他内心里爱的支撑和在这个世界上前行的勇气。

让我们别只在朋友圈里陪孩子，让我们的心真正回到孩子的身上，全心全意地陪伴孩子。

角色扮演，
最有趣的互动

01

言言特别喜欢玩角色扮演的游戏，从睁开眼到晚上睡觉前，一直乐此不疲。

有时候她是妈妈，而妈妈和妹妹是宝宝；有时候她是妹妹，妈妈是姐姐，妹妹是妈妈；有时候妹妹是奶奶；有时候她是老师或者医生。

言言妈从最开始的无奈应付，到现在享受和言言玩角色扮演游戏，越来越有了不同的感受，深深觉得：角色扮演是帮助父母进入年幼孩子世界的极好帮手。

有一天，言言和妈妈的角色互换了，她说："宝宝，我去给妹妹喂奶了，你乖乖看会儿电视哦，我出来就不能再看电视了。""好的，妈妈。"互换角色后的妈妈说到。

一会儿言言出来了,对妈妈说:"宝宝,我出来了。""妈妈,我还能再看一会儿吗?"这时,言言妈也进入角色了,感觉正看得起劲,如果"妈妈"强硬地说"不可以",并马上关掉电视,她会非常不舒服和不情愿。那也正是言言妈以前的做法。

言言说:"好的,那把这集看完就不看了。""谢谢妈妈!"这样的回答让言言妈感觉很舒服,也愿意看完这集就主动关电视,正像她的言言现在常做的那样,当她即使去忙别的事了,言言也会主动叫她,告诉她这集结束了。

当言言妈和言言一起转换角色,重现这个画面时,她好庆幸现在她的方式是有原则但又是温柔的,而非像以前一样虽有原则但是态度却极其强硬:"我说不行就不行,立即,马上。"

那样的方式,孩子越大就越会在心里反感。而只是换了一种方式,孩子在接纳与理解的过程中,也就越来越愿意从心底里去顺服父母、信任父母。

这样的角色扮演能够让我们更深刻地体会到孩子的感受,更愿意去多接纳孩子的情绪,用温柔和爱的态度引导孩子。

02

孩子读幼儿园了,从过去完全在我们的世界中,开始渐渐地走出我们的世界,进入他们自己的世界。

他们不在我们身边的时候发生了什么?他们在幼儿园的生活过得怎么样?老师是如何对待他们的?角色扮演可以告诉我们很

多答案。

言言当老师，妈妈和妹妹当学生时，言言妈就渐渐地也似乎生活在她们的幼儿园中。

这天是一个同学的生日，放学回来"老师"言言说："今天，是×××的生日，我们一起来为他唱生日歌吧。""谁会切蛋糕呀？""好，现在开始吃蛋糕了，一个一个来，要排队。"言言每次都要当某个老师，言言妈就知道那个老师一定是她最喜欢的。

在言言的角色扮演中，有很多的快乐，从不打骂学生，也不批评、发怒，言言妈就知道老师在幼儿园里就是这样对待这群孩子的。

在这角色扮演的过程中，我们能更多地知道他们在学校里发生了什么，老师教了什么。也常常在这过程中，孩子会突然想起还发生了什么事，会主动跟我们聊起来。这样，我们便能尽可能全面地了解孩子在幼儿园的生活。

特别是当孩子还在上幼儿园时，回到家后，你若问他："今天，在学校发生了些什么呀？"他（她）也许一时什么都想不起，也许表达不清楚，也许早已没什么印象了，但在这角色扮演的过程中，孩子的记忆力与表现力都会被激发出来，会栩栩如生地将幼儿园里的生活展现在我们面前。

03

在这过程中，孩子也总会让我们很感动。有一天，言言当校

车师傅,妹妹当学生,言言妈当老师,妹妹的新睡袋是妹妹的校服,次卧的飘窗是她们的校车。

开了一会车后,到站了,言言拿着校服说:"学生,你们回家后一定要把这个放好,免得妈妈不好收拾。"说完还帮妹妹拿到书房的床上。

当时言言妈很感动,言言现在常常会主动地收拾她的玩具,没放好的会放回原位,妹妹的碗掉地上了她会帮忙捡起来,会把剥了的花生壳从茶几放进垃圾桶,有时候玩具太多了不太想收拾,妈妈和她一起收拾她也都会很配合。原来,这些都是因为在她心里想着"免得妈妈不好收拾",真是乖巧懂事的孩子。

而这句话,也是言言妈常常在一边做那些事情时,一边对孩子说的,比如"这个垃圾妈妈要马上丢掉,东西随时放回原位,免得妈妈不好收拾"。

在角色扮演时我们会猛然发现,我们的话孩子都听进了心里,并且不止听进去,也观察到和用心记住了。这让我们感到欣慰,也让我们更愿意利用一切时间和机会随时引导孩子。

04

你有过被年幼的孩子拉着要你陪他(她)玩过家家,要你当孩子、他(她)当爸爸妈妈的时刻吗?你会很无奈,甚至拒绝吗?还是喜欢并享受其中?

孩子在渐渐长大,也渐渐不会再进行角色扮演了,或许他这样投入地想要和父母家人进行角色扮演也只有这短短的几年。但在这几年中,我们却可以很好地通过角色扮演进入孩子的世界,体会孩子的感受。

在这样的过程中,我们打通了和孩子沟通的管道,孩子的心向我们完全敞开,我们不用担心孩子将来会对我们避而不言,我们也能更好地学习如何爱孩子,能更容易地引导孩子、管教孩子、帮助孩子。

趁着现在孩子还需要角色扮演,我们都尽情享受并投入其中吧。

第五辑

越会管越快乐

HAOMAMA DAICHU HAOHAIZI

孩子的成长需要管教，但管教不是一味地指责与打骂。在家不用吼，简单立规则，轻松搞定娃。

别让孩子随心所欲

01

茵茵妈在茵茵小的时候，整个生活都以茵茵为中心，很宠她，什么都随她。茵茵大点了也开始贪玩了，不想午睡，那就不睡吧，并且还让她出去玩。晚上也是，想什么时候睡就什么时候睡，想说多久的话就说多久的话，常常深夜十一二点才睡觉。

茵茵睡觉要抱，好的，那就抱吧。即使已经很重了，晚上也要抱几次，甚至在看见茵茵犯困时，茵茵妈会主动说："来，妈妈抱着睡。"

白天随时想喝奶粉就喝奶粉，晚上每次犯困睡觉前也要喝，有时喝了奶粉后没睡着，过一会儿又犯困了还要喝，茵茵妈也会顺着她给她喝，茵茵喝多了奶粉吐到床上的事时有发生。

一切都是因为爱茵茵，可是结果却不如所愿。茵茵越来越缺

乏安全感了,她不会自己睡觉,必须要妈妈陪着,甚至要抱着才能睡觉。晚上睡得太晚,中午不午睡,到了下午犯困时就会烦躁吵闹,可又不愿去睡觉,身体和精神都难受。

上了幼儿园,不会午睡、不会安静的茵茵,常被老师批评,甚至到后来产生严重的厌学情绪,天天闷闷不乐。

由于奶粉摄入量过多,茵茵的体重严重超标,比小区大她两岁的哥哥姐姐都要重。半夜喝完奶不刷牙,牙齿也长了奶瓶釉,那么漂亮的脸蛋只要一笑,就露出黑黑的小缺门牙。

茵茵更是很难快乐,除非一切按照她的心意来,否则她就吵闹不开心。

一切都按照孩子的愿望,什么都顺着孩子的意见来,不是真的爱孩子。每个孩子都贪玩,也都只想要自己怎么舒服怎么好,如果让他(她)可以不睡觉,他(她)甚至真想永远不睡觉,他(她)也不懂什么是真的好。

02

茵茵妈被茵茵的现状弄得苦恼至极后,开始学习怎么做才是对孩子好时,才意识到:这个世界不会围着茵茵转,社会不会去适应茵茵,只有当茵茵明白了不是什么都必须顺着她,她才可能快乐健康地成长。

茵茵妈也发现:其实孩子的心很单纯,也很敏锐,你怎样对待她,她都知道。你要是怕她、顺着她,那她就骑在你头上;你若是引导她、教她，那她就听从你。

调整就从作息饮食开始。茵茵妈先是告诉茵茵："你已经长大了，白天不能再喝奶粉了，晚上睡觉前可以喝奶粉，到床上后，睡觉的过程中就不能再喝了。"

见妈妈说得很坚决，茵茵竟也轻易地就戒掉了必须喝奶粉才能睡着的习惯。

另外就是睡觉，刚开始，就算茵茵妈带着茵茵晚上9点就上床，茵茵也会一直说话说到深夜12点左右，还不让关灯，实在困得不行才睡着。这回茵茵妈心里很确定，现在上幼儿园了，不能再这样下去了。她告诉茵茵上床后就得关灯，刚开始每次一说关灯睡觉、不能说话了，茵茵都会大哭，或者一会儿说："妈妈，我饿了。"一会儿说："妈妈，我口干。""妈妈，我想上厕所。"

茵茵妈很清楚茵茵不是真的饿或渴，所以就会在茵茵无论是大哭，还是说饿、说口干时，都只回应一句："睡吧。"哭闹几分钟后，茵茵就睡着了。

两三天后，关灯让茵茵睡觉时，她就不再哭闹了，而是很快就闭着眼睛睡着了。

其实，很多时候不是"孩子非要"，不是"不这样他不干"，不是"他就是不听"，而是他不知道还有另一种选择，那就是爸爸妈妈会让我有最好的生活习惯。

茵茵妈现在很欣慰。茵茵晚上总是八九点就睡了，而且睡得很香，很少哭闹。不像以前，如果她离开一分钟，茵茵都会马上

醒来，大哭不止。

茵茵在学校也开始午睡了，即使有时候睡不着，也不再大声说话吵闹别的小朋友。她也逐渐有了标准的体重，饮食有了节制，能够听妈妈的话暂时不吃糖果和零食。最重要的是，茵茵更快乐了，常常开心地笑，也能开开心心地听爸爸妈妈的话。

这时候，孩子的心里才有了真正的安全感，知道她不需要在她还没有能力的时候，去承担她不能承担的结果，而是只要相信妈妈的安排，听妈妈的话就好了。孩子也能在这其中感受到真正的让她踏实的爱。

03

有一个著名的实验：把一群孩子带到大草原的中间，并告诉孩子：这里可以随意玩耍。然后大人离开。很奇怪的是，孩子们竟然就一直站在那里，谁也不走出一步去玩。

之后他们以孩子为中心，以20米为半径围了一个大型的围栏，告诉孩子：你们可以在围栏之内随意玩耍。大人再次离开。瞬间，孩子们都活泼起来，在围栏里面你追我赶，玩得不亦乐乎。

原来，当孩子们的生活感受不到被限制、被约束的时候，孩子其实是没有安全感的。

太多的未知和宽松会让年幼的孩子觉得害怕、不安，尤其是大人让孩子们自行决定如何玩耍，然后对他们不管不问，这时孩子对未知世界是有着巨大的疑惑的，他们会感到忐忑与无措。

而当孩子们的生活有了一定约束、限制，他们就会又觉得安全了。因为在这个世界上，他们相信父母是把他们放在安全的范围内，而非未知的迷茫中。

孩子越小，越需要父母的引导，越不能让孩子随心所欲。《从零岁开始》的作者认为：父母引导式的养育方式比孩子需求式的养育方式更让孩子有安全感。父母引导式也就是父母管理婴儿的一切，从婴儿期给孩子建立规律的作息，饮食、睡眠也都在父母的管理之中，这样的孩子会更有安全感。孩子需求式也就是孩子引导一切，孩子从婴儿期就自己决定什么时候吃奶、睡觉，想吃就吃，想睡就睡，父母则围着孩子转，这样的孩子表现出来的就是缺乏安全感、易哭闹、高需求。

真正的安全感，是建立在父母对孩子管与约束的基础上，越小的孩子，在父母对他的管教与约束中，他越会感觉到，他的生活是安全的、是值得信赖的、是有依靠的、是一切被安排妥当的、是深深被父母所爱的，他的心会有极深的安全感与满足感。

04

如果孩子小的时候不怎么管教和约束，到孩子长大了才开始，这时他（她）感觉到的就不再是爱，而是控制与不被接纳。因为在从小不被管的过程中，他（她）已经开始不信任也不依靠父母了。

有一个女孩因为早恋，被爸妈开始严格控制，随时管着，有一天女孩崩溃大哭："现在才开始来管我，早干嘛去了？"她

听不进父母的任何话语，觉得外面人说得更正确。这时候就需要父母付出比以前多百倍的精力、忍耐，必须重新构建与孩子亲密的沟通桥梁，建立与孩子的亲密关系，让孩子重新对父母产生信赖，建立父母的权威。

有的父母因为觉得麻烦不愿意管孩子，因为一管孩子就哭闹，所以就不管了，还乐得轻松。但这觉得麻烦的感觉孩子其实是能感受到的，孩子会觉得不被父母爱而越来越缺乏安全感。这时，父母不要怕孩子哭闹，而是坚持管下去，哭过之后、妥协后的孩子反而会更快乐。

我们都爱我们的孩子，只是我们这份爱一定要爱得智慧，爱得理性，要知道什么才是对孩子最好的。

如果什么都顺着孩子，也认为这个社会、身边的人都应该围着孩子打转，那么孩子越大，越会痛苦、烦躁，他会在遇到哪怕只是一点儿不如意的事时，都会觉得沮丧、失败，甚至越来越觉得过不下去。

只有随时引导孩子，为孩子建立正确的价值观和良好的行为习惯，让孩子能够为身边人祝福，而不是让身边人都为他的心情埋单。这样，我们的孩子才会一生幸福快乐。

爱孩子，就尽可能多地管孩子，引导孩子，多花时间和精力在孩子身上。别放任孩子，别让小小的孩子自己做主做一切事，别让孩子觉得自己没有父母依靠、不被爱。

孩子越小越要管，孩子慢慢长大，再慢慢放手给孩子越来越多的自由。这是为人父母必须要有的智慧与魄力。

别怕
孩子哭闹

01

有一天,在电梯里遇见一个小男孩儿和她的妈妈。小男孩儿伸手想拿妈妈手中袋子里的面包,妈妈说:"现在不能吃,马上就要吃饭了。"小男孩儿马上哭闹起来:"不嘛,不嘛,我就要现在吃。"一听儿子的哭声,妈妈马上改口说:"好好好,给你给你。"赶紧把面包拿出来,小男孩儿马上破涕为笑。

一个简单的画面,却透露出多少家长的恐慌——怕孩子哭。

在外玩了很久,妈妈说:"该回家了。"孩子一哭闹:"不嘛,不嘛。"妈妈就赶紧说:"那好吧,再玩一会。"

说好了今天不买玩具,孩子一哭闹,父母一心烦,不如给他买一个好了。

关电视的时间到了,孩子一哭闹,"好吧,那你再看一会

儿。"过了一会还是哭闹,"那再看最后一会儿。"

多少次,为了不让孩子哭,我们竟被孩子牵着鼻子走。我们的话在孩子眼中一点都不算数,因为不管我们要求什么,只要孩子一哭,我们的要求就会松动,甚至完全改变。

久而久之,孩子就习惯了以哭闹来要挟父母,而父母也越来越觉得孩子难管:只要不满足他,他就满地打滚,哭闹,烦不胜烦。

父母说:"这孩子太不听话,太难管了,脾气太怪了,动不动就哭。"却不知道根本的原因是孩子知道,我们怕他哭闹,恨不得一点哭闹声都听不见,所以只要他不哭闹,我们总愿意多满足他。

怕孩子哭闹,孩子一哭就满足他,从而拖延或改变了我们的要求,只会让孩子越来越爱哭闹,也越来越难管,甚至轻易地控制父母,让父母围着他团团转。

这样的孩子,越长大会越任性、自私、霸道,处处以自我为中心,也很难对父母尊重。

02

馨儿的爸妈也怕她哭,但他们的表现却是另一种。爸爸妈妈让馨儿睡觉,关电视,馨儿不同意,大哭大闹。馨儿的爸爸妈妈是怎么做的呢?答案就是:打。"说好了看完这集就关电视,你不仅不听话,还哭闹,看我不打你。"说完就"啪啪"打了馨儿两下。馨儿继续哭,继续闹。爸爸妈妈就继续打,一直打到馨儿不哭了,认错了为止。

有一次,竟然断断续续持续了一个多小时,馨儿的屁股都被打出了红印子,不知情的人还以为是后爸后妈干的呢。爸爸妈妈不爱馨儿吗?当然不是,他们十分爱她。

只是他们想,现在孩子动不动就哭闹,非要按她的意思来,以后怎么办?必须管,必须打,打得馨儿认错了,不犯了为止。

馨儿想跟好朋友玩,好朋友不愿意,馨儿大哭起来,爸爸妈妈吼:"不许哭。"馨儿不小心摔倒了,大哭起来,爸爸妈妈说:"这有什么好哭的?不许哭。"馨儿的哭被他们当做特别大的一个错误,尤其是哭闹不止的时候,爸爸妈妈的火气就"噌噌噌"地上来了。

越哭越吼,越哭越打。哭闹的小孩很烦人,哭闹的孩子就是在挑战我们的极限。"不许哭。""你再哭试试。"成了父母害怕孩子哭闹的又一反应。不管三七二十一,只想把孩子的哭闹声给打压下去。

可是孩子毕竟是孩子,生下来还必须得哭一声呢,哪能始终不哭呢?哭哭闹闹就被父母在怒气中大吼、严斥,甚至大打一通孩子,久而久之,就不敢表现自己的真实情绪,总是压抑自己,变得自卑、胆怯。

怕孩子哭闹,压抑孩子的情绪,不会使孩子真的变得快乐、不爱哭,而只会让孩子没有安全感,觉得自己不被接纳,将来也不会表达自己,更与父母关系非常疏离,不会互相交流与沟通。

03

为什么父母会害怕孩子哭闹？因为在这个过程中，父母会有一种无措和失败感，孩子不哭不闹，父母会觉得一切都在掌控之中。而在大庭广众面前，孩子"撒泼打滚"的行为，更会使父母感到非常难堪，让父母很难不大发雷霆。所以父母总会想尽办法，只要孩子不哭闹就好。也错误地以为，只要孩子不哭闹，自己就是成功的父母，带了乖巧的孩子。

要正确面对孩子的哭闹，需要先了解孩子哭闹背后的原因。心理学对此是这样解读的：

（1）婴儿期的孩子

哭闹都是出于本能的需要。比如困了、饿了、身体不舒服，等等，孩子会通过哭来提醒抚养人。随着孩子慢慢长大，大一点的婴儿，会用哭闹来表达情绪上的感受，比如看不到妈妈感到紧张、看到陌生人觉得害怕，等等。这个时候最需要做的是充分建立孩子对世界的信任，让孩子充分感受到爱。

（2）幼儿期的孩子

这个时期的孩子，哭闹背后的含义就更多了。很多妈妈可能都会感觉到，孩子在两岁以前，相对而言还是比较"乖"的，两岁以后，孩子比以前更有主张，也更爱发脾气了。西方有一个说法叫Terrible Two（可怕的两岁），就是指这个让妈妈们头疼的问题。

这一现象，如果从心理学的角度来解释，是因为孩子到了两岁，他的认知能力和自主意识都在加强，但是孩子的语言能力、控制身体的能力等，都还没有发展到相应的程度，孩子内心的想法不能很好地表达并得以实施，所以孩子就会通过哭闹和发脾气来表达心中的失望。

（3）3岁以后

随着孩子不断长大，认知能力不断提高，孩子会越来越有自己的想法和主张。但是，此时的孩子，需要面对规则的约束，需要面对与小伙伴的冲突，需要面对自己能力和想法的差距。总之，孩子会遇到越来越多"不顺心的事"，他会发现，这个世界，并不是那么完美的，不能想怎么样就怎么样。哭闹，是孩子表达内心不满的一种本能反应。

孩子因为大脑和神经发育尚不完善，自我控制的能力还很差，这也是为什么在孩子累了、困了、饿了或者生病的时候，更加容易哭闹和发脾气的原因。所以，我们需要认识到，哭闹和发脾气，是孩子心情不好的时候的一种本能表现，是孩子发泄心中负面情绪的一种方式。一方面，他们还小，不能很好地控制自己的情绪；另一方面，孩子需要学习其他更能够被别人接受的方式，让自己心情平静下来。

了解了孩子哭闹背后的原因，我们会更容易接纳孩子的哭闹，也不会因为孩子的哭闹，而对自己有错误的认知，对自己带孩子有较低的评价。这样才能用最正确的态度和方式来面对孩子的哭闹。

04

在面对孩子哭闹时,我们可以做些什么呢?

(1)接纳孩子的情绪,帮助孩子表达感受

如果孩子是因为好朋友不和自己玩、东西掉了、摔倒了等哭闹,我们越不理解孩子,越要求孩子不要哭,孩子心里就会越难受,哭闹时间也就越久。相反,我们先接纳孩子的情绪,也帮助孩子表达他的感受,他的情绪反而会很快得到稳定。

有一次,果果到小区里想和一个小女孩玩,昨天还玩得好好的呢,今天小女孩却说:"讨厌你,不想和你玩。"果果嘴巴一撇,就哭起来了。

要知道,我们被拒绝的时候也会伤心的。我对果果说道:"宝贝,妈妈知道,朋友不和你玩,你感觉好伤心。"

果果抽泣着说:"是的,我想和她玩。"

我说:"妈妈知道,和朋友玩在一起很开心。"

"可是她不和我玩,我想和她玩。"果果还在抽泣。

我说:"妈妈小时候也想和好朋友玩,有时候好朋友也不和妈妈玩,妈妈也很伤心。"

果果这时候开始不怎么哭了,和我聊起天来。我继续说:"妈妈小时候也有几个好朋友,有时候这个好朋友不和我玩,有时候那个好朋友不和我玩,有时候又都不和我玩,但是现在长大了,我们都会一起玩。"

果果的情绪已经完全平复了,因为她知道:妈妈理解她的感受。她的情绪得到了疏导,很快就又高兴起来,和我们玩别的了。而第二天,那个小女孩又主动来找果果玩,果果也像什么也没有发生一样,开开心心地一起玩。

假若,我不理解她,说:"不和你玩就不和你玩吧,有什么好哭的。"那她只会哭得更久。如果,我只是对小女孩说:"你和她玩嘛,你们昨天不是玩得很好的吗?"那下次再遇到这样的情况,果果还是会伤心大哭,因为我不可能跟每一个小朋友说,让他们不要拒绝我的孩子。

(2)学会充耳不闻孩子的哭闹声,并坚持原则不退让

孩子哭闹起来,尤其是需求想得到满足时,当父母的很容易心情烦躁,一烦躁就很容易发火,一发火就开始恶性循环:大人吼,孩子哭闹,孩子越哭闹,大人越吼。

好友说自己的孩子特别犟,你越是不让他干什么他就偏干什么,再不让,他就哭闹撒泼。好友也因此总是忍不住暴怒,但却没有任何改观,情况总是反复出现,真不知道应该怎么办。

这时候我们需要对孩子的哭闹声培养出免疫力,就是他哭他的,我们就当听不见,该怎么样还怎么样。

有位妈妈是这样做的,她家小宝有一天晚上偏要拉妈妈出门,妈妈告诉她天黑了不能再出去了,可是小宝还是使劲拉妈妈,妈妈仍不同意,小宝就坐在门口大哭。这时,妈妈就松了手,告诉她现在天黑了,不能出去了,我们可以在屋里玩。就没管她了,然后和小宝姐姐在客厅玩起来。此时,小宝坐在门边地上哭得更大声了。

过了一会,估计小宝不会坚持了,妈妈就过去牵她。果然,小宝伸手就跟妈妈回到了客厅,马上很开心地投入到游戏中,再没有拉妈妈出门了。以后,每次她想出去,妈妈说:"今天天黑了,不出去了。"她就马上乖乖回来了。

当爸爸妈妈在孩子的哭闹声中坚持到最后时,孩子就会越来越知道自己的哭闹不能换来想得到的,他们就越来越不容易哭闹了。

(3)不易察觉地转移注意力

对于再大点的孩子的哭闹,比如他(她)趴在脏乎乎的地上时,妈妈可以装作不在意地用他(她)喜欢或想做的事情来引导他(她),如拿出一个他(她)喜欢吃的水果,他(她)很想吃的样子,然后妈妈很平淡地说:"只有不趴在地上的宝贝才能吃。"这时,很多孩子都会稍做思考后自己爬起来。

但要用孩子喜欢的事来引导他(她),而且要语气平淡、装作很不在意地说:"要怎样怎样才能去做这件他(她)喜欢的事。"

(4)保持自己的情绪稳定

最重要的是,一定不要让自己的情绪被孩子的哭闹给影响了,不要和孩子对着说、对着吵,不要陷在这个情绪的旋涡里,孩子这时候只顾着哭闹,哪里听得进我们的话。

甚至在他(她)耍赖时,也不必影响我们的心情,不必着急去纠正他(她),等他(她)耍完赖,我们再淡定地用这些方式去对待他(她)。让他(她)知道,他(她)耍赖的这种方式,不会影响妈妈的心情和情绪，妈妈是不会被他（她）的情绪所控制的。这样我们就会比较容易管教他（她）。

坚持原则，不要怕孩子吵，不要和孩子对着吵，甚至可以让他（她）自己吵一会儿。不被孩子哭闹的情绪牵引，才能用最正确的方式管教孩子。不怕孩子哭闹，我们的孩子才会越来越不爱哭闹，越来越成长为乐观、快乐、有规则感、有自制力的孩子。

规则比发怒更有效

01

朋友阿新家有两个女儿,大宝叫绵绵,小宝叫萌萌。

绵绵暑假在家时,有一个令她苦恼的现象,就是当妹妹在房间里睡觉时,她总会忍不住打开关闭的门,或者去掀遮住妹妹婴儿床的布帘,把妹妹吵醒。

每到这个时候,作为妈妈的阿新总是很生气,直接把绵绵拉出来,但绵绵总是挣扎反抗。或者参考有的妈妈,把绵绵带出来,温柔地告诉她家里有人休息的时候都不能去打扰对方,就像如果是她睡觉的时候也不希望被打扰一样,如此种种。

但无论是动之以情、晓之以理,还是生气大吼、焦虑急躁,甚至气急打她推她,似乎对绵绵都起不到作用。绵绵总是在突然之间就溜进房间,让阿新不得不在萌萌睡觉的时候,也随时跟着绵绵，以防止在她一不留神就去吵醒萌萌，实在心累疲乏。

02

又一天早上，萌萌早起后第一次小睡时，阿新刚把门关上不久，绵绵趁她不注意一下又冲进了房门。这一次阿新没有像往常一样，跟着冲过去一边拉出绵绵，一边厉声训斥她。她没有动，是因为此时她已不知道该怎么做了。

在客厅坐了好一会儿，阿新走进房间，看见萌萌的婴儿床的布帘已经被拉开了，绵绵站在妹妹的床边，对阿新说："妈妈，妹妹醒了。"而萌萌呢，眼睛大大地趴在床的栏杆上朝她们张望。阿新坐在她们对面的大床边，还是一动不动，此时她心里充满了无力感和挫败感。

看着萌萌已经没有了睡意，便把萌萌抱出了卧室，然后阿新在客厅又呆坐了一会。也就在几分钟后，她心里一下子亮了，走进房间很平静温和但是又十分坚定地对绵绵说："宝贝，从现在开始，如果妹妹或家里其他人休息的时候，你不进入房间去打扰，并且小声安静，不吵醒对方，你就依然可以在妈妈喂妹妹吃奶的时候看电视。如果家里其他人睡觉的时候，你擅自打开房门进去，吵醒对方，今天你就不能看电视了。"

绵绵很珍惜看电视的时间，因为现在每天只有阿新喂妹妹奶的时候，她才可以看一会儿电视，阿新喂完妹妹一出来就会关电视，这个规则是她已经确知了的。

许多时候妈妈一出来,她主动就说:"关电视。"

她知道妈妈定的规则是一定会执行的,所以她说:"好吧,妈妈。"

03

一个小小规则的制定竟然瞬间改变了现状。在接下来萌萌又回房间小睡的几个小时里,绵绵一直在客厅玩,有时跑到书房玩,有时会穿过萌萌睡觉的房间跑到爸爸妈妈的房间玩。但无论怎样,她都没有要打开妹妹睡觉的那间房的意思,她好像完全忽略了这扇门。

有一次她准备进书房,却一下子跑到这扇门前,阿新正要提醒她,她自己念叨着说:"错了,不是这个房间。"然后又正确地跑回书房。她一直玩得很开心,阿新也很放心地不再紧张地盯着她,也不必再随时预备跑去拉住她。

中午午休时,萌萌在拉着布帘的婴儿床里睡觉,阿新在大床上睡觉,还没有午休习惯的绵绵一会在大床,一会在地上的垫子上玩,但都没有去掀妹妹的布帘,也没有悄悄想去看的意思。

听见妹妹有"哼哼"的声音,她马上跑到妈妈面前,把嘴巴捂上,生怕妹妹被吵醒了,然后小声地对妈妈说:"妈妈,我没有吵醒妹妹。"阿新便亲亲她的脸说:"是的,宝贝真乖。"

一整天,她都没有再去打扰过妹妹,有一次她说她想妹妹了,阿新就告诉她,等妹妹醒了再和妹妹玩,并且再重申了一遍那个规则。

绵绵独自玩耍的时间是她玩得最快乐最尽兴的时刻,以前她总是忍不住要去萌萌睡觉的房间,好像只有这间房能吸引她。而今天当她确定自己不要再进去那间房后,她就能全然享受在其他房间的玩耍了。

从此以后,绵绵只有过一两次忘记了又打开过那间房的房门,但那一两次的结果是她当天确实没有看成电视,阿新严格地执行了规则。

现在,绵绵已经完全不会再去打扰妹妹睡觉了。阿新想:早点怎么没有想到呢?只怪自己一直被怒气给弄晕了。

04

《优秀是这样训练出来的》一书中写到:当父母发怒的时候,会失去耐心,只专注于责备。你发怒时,孩子不再关心自己的行为,而是关注你的情绪。他(她)不会尊重规则,也不会尊重制定规则的人。你让怒气占上风时,也就是在教孩子如何来对付你的怒气。这种失败的教育,实际上是允许自私和叛逆的种子在孩子心中生长。

有专家严厉地指出:"怒气不是管教。"这也就是为什么,当我们发怒时,反而孩子更不听话,更令我们头疼。

亲子教育老师冯志梅讲了一件事:她和几对父母在餐厅就餐,孩子们在餐厅中围着的小型玩耍区玩耍。玩着玩着,孩子们开始兴奋起来,一个个都尖叫着。父母们告诉孩子不许尖叫,可

是孩子们的尖叫声还是此起彼伏。

这时候,她走过去,微笑着对孩子们说:"我们现在来定一个规则。如果一会儿有谁尖叫了,就不能在这里面玩,就要在围栏外面站2分钟。记住,这不是惩罚,这只是我们的规定。"

孩子们觉得很好玩,就都同意了。安静两分钟后,果然,一个孩子又忍不住尖叫起来,虽然他马上捂住了嘴巴,但还是挡不住冯志梅向他走去。

冯志梅说:"我听见有谁尖叫了,现在,来履行我们的约定吧,到围栏外站2分钟。"

一个小男孩儿红着脸走了出来,冯志梅指着表给他看:"表的指针走到这里,你就可以进去了。"

全程,冯志梅没有一丝的怒气,一直微笑着,让小男孩儿觉得冯老师没有对他生气,确实只是在执行这个规则。

看着围栏里的小朋友们玩得很开心,小男孩儿的脸红一阵白一阵。2分钟结束后,他进去了。之后,再没有孩子发出尖叫声。

冯志梅说:"我没有发怒,没有让他们感觉到被羞辱,被惩罚,我只是和他们一起执行了这个事先定好的规则。"

规则永远比怒气中的训斥与焦躁中的拦阻更有效。但要想规则管用,则需要坚定地执行。对我们的孩子来说,即使第一次孩子会哭闹,但当他(她)明白规则的不能改变和妥协后,反而他(她)的内心具有很强的安全感,也在规则下有更多的自由和快乐。

愿我们不再用怒气管教孩子,而是在温柔坚定的态度中,用规则给孩子最好的爱和管教。

四个字
让孩子自己解决问题

01

熙熙最近多了一个口头禅:"那我想个办法吧。"从前她可不是这样。

从前,熙熙遇到一点问题,如东西掉了、东西坏了,或者想做某件事做不了,等等,她就会特别着急,或者尖叫,或者哭得满头大汗。

为了引导熙熙转变思维,熙熙妈开始有意识地培养并帮助她。第一次,她喜欢的公主石膏的脑袋和身体分开了,她开始大哭,熙熙妈温和平静地安抚女儿,说:"没关系宝贝,妈妈帮你想个办法。想什么办法呢?我们把她修好,好不好?"她用透明胶把公主石膏粘上,熙熙很喜欢。

这样的次数多了,遇到困难时,熙熙开始会主动说:"妈

妈,我这个坏了,你帮我想个办法吧。"或者直接说:"妈妈,你帮我修好吧。"

于是家里多了很多她心爱的补补丁的物品,过去那些物品坏了她都会大哭,只能哄她说以后再买一个,但对解决本质上的问题没有任何帮助。

现在熙熙妈先换了一种思维,再引导女儿换了一种思维,没想到,女儿也喜欢上了这个过程,并且非常喜爱和接纳那些看似已不再完美的物品。

02

熙熙突然就开始喜欢说:"那我想个办法吧。"有一天,天气很热,女儿还总想要穿她的公主长裙,熙熙爸说:"女儿,你这件裙子太热了吧。"她说:"那我想个办法吧。"一两秒钟后,她说:"我可以隔个汗巾呀。"

不久又发生了一件事。熙熙妈买来奖励女儿的贴贴画里面有个很漂亮的小女孩的眼影化妆玩具盒,熙熙特别喜欢,一直爱不释手。

后来在她玩别的时,熙熙妈无意中发现化妆盒中那个可爱的粉色桃心眼影棒上的小海绵头子分成两瓣掉地上了,而其余的还好好地放在盒子里,妈妈帮熙熙捡起来放进盒子里,但没有告诉她。妈妈心里一直在想熙熙看见后,不知道会是什么反应,这么心爱的玩具成这样了,她是不是又会先着急大哭一阵呢,当然熙熙妈也想好了对策,就是"没关系,我们想个办法吧",帮她用双面胶粘上。

中午熙熙喊道:"妈妈,你看我的这个坏了。"

原来是另一个用纸缠裹着、一甩就能伸出去的小玩具,里面粘贴的小棒掉出来了,熙熙妈看了后就说:"没关系,这个妈妈一粘就好了。"

熙熙若有所思地自己看着,就在熙熙妈去找双面胶的时候,听见女儿说:"妈妈,这个也可以当魔法棒呀,不需要粘了,谢谢你,妈妈。"

03

不一会儿,熙熙兴奋地跑来:"妈妈,妈妈,你看,我做了一个魔法棒。"

妈妈一看,熙熙把这绿色中空的塑料小棒的一端插入了一个粉色的桃心,一下显得精致漂亮,她马上鼓励到:"宝贝,你真会思考,做得真好。"但她纳闷这个粉色桃心好像从没有见过,怎么都想不出来是哪里来的。过了好一会儿,她才突然想起来,原来就是熙熙坏掉的那个小眼影棒。

熙熙没要那个海绵头子了,她也完全没有因此而哭闹,而是自己动脑筋想办法把两个坏了的玩具结合做了一个可爱的魔法棒,而且完全不会掉下来。

熙熙妈太惊讶和感动了。那两天,熙熙都好喜欢她的这个魔

法棒,她也更喜欢想办法去解决问题了。

04

孩子在成长过程中会遇到很多很多的困难和问题。遇到问题时,孩子是沮丧烦躁、失望退缩,还是积极面对,思考解决办法呢?

我们要从小引导孩子,帮助孩子培养解决问题的思维。这个过程可以从简单的四个字"想个办法"开始。

但是不要一开始就对年幼的孩子说:"你自己想个办法吧。"而是可以先从"爸爸妈妈帮你想个办法"再到"我们一起想个办法"。很多孩子也会像熙熙一样,父母只需要说到第一阶段,她就自己主动进阶到最后的"那我想个办法吧"。

简单的几个字,会让你经历在这个过程中孩子的情绪稳定与令人诧异的创新能力,也会让你为此感到欣慰与快乐。

轻松教会
孩子学会收拾

01

小羽很是苦恼：教了女儿晓晓无数遍，玩完玩具后要收拾好，垃圾要及时扔进垃圾桶，不要弄得到处都是，可晓晓总是忘记。

只要晓晓在家，家里准是乱糟糟的。每次都是晓晓在前面玩，小羽在后面跟着收拾。收拾烦了，到最后索性让房间乱着，或者等晓晓上学和睡觉后再收拾。

令小羽意外和惊喜的是：最近晓晓竟然主动开始收拾自己的玩具，并学会保持家里整洁了。

小羽从玩具箱里拿出一大堆玩具出来，晓晓玩完后都会主动装好、盖好，然后再主动拎到原来的地方去；喝完牛奶会马上将牛奶盒扔进垃圾桶；喝完酸奶会乖乖把吸管扔进垃圾桶，把酸奶瓶放进厨房；看完的书也整整齐齐地放在书架上。

谁也没有想到这突然的改变竟是无意中跟着小羽学的。

晓晓几个月大的弟弟然然开始在家到处爬了,小羽不得不想尽办法把家里整体收拾了一番,她怕忙着做事的自己一个不留意然然就吃进什么危险小零件。

小羽把茶几收拾得干干净净,上面什么也不放了,孩子们房间的飘窗上也空空的,能收纳入柜的东西全都收纳入柜,所有玩具分开放在不同的盒子里,整个家看起来清爽整洁极了。

晓晓下午放学回家后感受到了家里的改变,在她房间里玩的时候把她的纸盒抽屉拖出来,所有东西全倒在地上,小羽说:"宝贝,这些东西等会儿你要全都放回去哦。"然后就去其他房间了。这样的话以前也说过,但不起作用。

过了会后,小羽看见,这次晓晓竟然把地上的东西一样一样整整齐齐地重新装进纸盒抽屉里,装好后还盖好盖子,又放回原位。原以为只是孩子的一时兴起,没想到这好习惯竟这样一直保持到现在。

02

是什么让晓晓突然间改变了呢?原来,过去虽然小羽有时也在收拾,但是家里表面的小东西太多,摆放得再好,看着都显得乱,孩子完全感受不到妈妈是注重收拾的。而现在桌面没有多余的东西,干干净净的,孩子一下子就接受了。

由于家里现在没有多余的东西放在桌面上或地上,所以随时用了什么，小羽也习惯放回原位，然后顺便也告诉晓晓："这个用了我们把它放回去。"

有时小羽想偷个懒，晚一点再把东西放回去或晚一点再叠被子，但一想到晓晓，就马上收拾好，而晓晓也因为看见妈妈随时都把东西放回去，随时保持原位和整齐，她也就习惯用完东西随时就收拾好。

有一次，她们玩了游戏后，晓晓收拾所有轻的东西，小羽让她留下剩下的两个重的哑铃等自己收拾，就去做别的了，晓晓收拾完后她们就准备出门了，结果晓晓还提醒："妈妈，你怎么不把那两个重的哑铃放回去呢。"小羽听后马上就将哑铃放回原处了，也感谢晓晓提醒自己，夸奖晓晓真乖。

过去，每天都花大量的时间收拾房间，却只能保持很短的时间，若几天未收拾，这房间就是一团乱，东西到处都是，还要花好几天的时间一个房间一个房间地收拾，而且也保持不了多久。而现在，每天几乎不用花多余的时间去收拾房间，但家里随时都是整整齐齐的，不仅小羽轻松多了，还多了好多时间陪伴孩子，让孩子专心玩耍，而且孩子玩得也更有秩序了。

我们若要求孩子做什么，先问问自己是否做到了，并且不只是自己觉得，还要孩子感受到。往往，对孩子来说最有效的教育，是身教，是父母潜移默化的影响。

教会孩子爱收拾，最重要的第一步是父母自己先学会收拾，做好大清理与归整工作。

03

孩子虽已进入有收拾意识的阶段，但是，孩子毕竟是孩子，他的主动控制力、自制力毕竟还不够，有时候也会贪玩，有时候也不想收拾。看到孩子散乱的玩具，这时候我们该怎么办呢？如果任由孩子不收拾，那又使家中的整洁受到干扰，孩子的习惯也不能很好地培养。这就需要我们用引导法帮助孩子积极收拾。

如果孩子玩具放得到处都是，或者把书摆得到处都是，他不愿收拾或迟迟拖着不去收拾，有三种方法可以采用。

（1）奖励法

可以是物质奖励，也可以是精神奖励。物质奖励，比如一个小零食、一个小贴贴画或者其他类别。精神奖励，比如家里有运用分数激励法的，可以是加多少分之类。重点是：孩子感兴趣、喜欢的，能真正对他起到激励作用。

通常情况下，当我们兴奋地对孩子说："赶快收拾哟，收拾完妈妈给你这个奖励。"孩子都会很积极地收拾起来。

（2）想做其他事时，让孩子收拾完再做

有时候奖励也行不通，因为孩子着急想做别的事，比如特别想出门玩，都跑到门口了。他的心根本就不能安静地收拾东西，也不在奖励上，那么，这时我们该怎么办呢？

其实也很简单，态度温和而坚定地表示：必须把东西收拾好了才能出去玩。这时候即使孩子哭闹也决不妥协，也不需要对孩子大声呵斥，只要温和而坚持，让孩子明白父母说的是不能妥协改变的，父母的情绪也不受他（她）吵闹的影响，他（她）就会最终不得不去做了。而下一次孩子会很快地去做完了，再出去玩。

（3）告诉孩子：地上不收拾的玩具，就当做是不要的，要丢进垃圾桶

孩子不愿收拾，我们就说："妈妈现在需要收拾和打扫卫生，地上没有收拾的玩具说明是不要了，妈妈会把它们丢垃圾桶的。"

第一次可能孩子不会相信，我们就要真丢，真的当做孩子不要了，不要假装这样说，也不要想着再悄悄捡回来。

大部分情况下，孩子都会马上去收拾，甚至从垃圾桶里把玩具捡起来，孩子自己捡起来可以，但提醒他（她）收拾好，不然还会被丢掉，他（她）明白妈妈说的是认真的，收拾起来就会很快了。

其中也有些他（她）不会捡的，我们也不要觉得那就算了，剩下的妈妈来帮忙捡，这是不可以的，因为这是让孩子学断舍离功课的好机会，帮助孩子将来能够越来越懂得取舍。

教会孩子爱收拾，是一个良性循环的过程，也许我们以前有时候起床了也不叠被子，东西也乱放，碗也会晚一点儿收拾。可是现在，一想到孩子看见家中干净整洁后主动的变化那么大，为了继续影响孩子，也会更好地养成将物品随手还原、垃圾及时清理的习惯。

而平时我们家长只要自己做到了，孩子受到耳濡目染后，又加上适当的方法引导，孩子就能更好地保持收拾物品的好习惯，我们也能更多地享受轻松时光。

孩子早上拖延,
这样做就对了

01

最近,小芊苦恼极了,每天早上都要和女儿雯雯进行拉锯战,都是因为雯雯患上慢得不得了的拖延症。

叫了很多次,雯雯还不起床,小芊忙了半天后,一看太晚了,又急匆匆地叫雯雯:"雯雯,快起来了,要上学了,快迟到了。"雯雯睁了一下眼睛,不想动。

小芊拉她:"快点起来了。"边说边给雯雯穿衣服。

雯雯清醒了一看,大哭:"我不要穿这件,我要穿粉色那件。"

时间本来就很紧了,女儿还这么挑剔。小芊有些生气,但为了让女儿快点起床,还是给她换了一件。好不容易穿上衣服,雯雯又躺下了,小芊叫她刷牙洗脸,叫了好多遍她都不动。

"你再不动,我拿条子来了。"还是没用,小芊气得不行,拉扯着雯雯,最后还真的去拿了条子来,雯雯才不紧不慢地动起来。

可是接着雯雯又跑到沙发上玩去了,根本不到卫生间洗漱。梳头的时候也乱动,吃饭也磨蹭,穿鞋、出门、上车也都磨蹭。明明很快就能完成的事,可一个小时都还没搞定,本来就急着上班和送雯雯上学的小芊,更是气不打一处来。

每天早上睁眼就是痛苦,整个过程更是痛苦至极。若是遇到雯雯不想上学时,更是磨蹭到底,哭闹声、呵斥声总是充斥一个早上。

02

直到有一天,小芊被一句话触动了:有时候,不是孩子太磨蹭,而是你太着急。第二天一早,小芊起床后,深呼吸,作出了决定,今天早上不再想时间,只想雯雯。

雯雯早上醒了,在床上喊妈妈。小芊进房间看见雯雯后,第一反应不再是催她赶快穿衣、赶快刷牙、赶快梳头。她一反常态地亲了亲躺在床上睁着眼睛看她的雯雯,笑着说:"宝贝你醒啦,妈妈好爱你呀。"跟雯雯说了好些爱的话语,雯雯也在回答她。

不知不觉,小芊就给雯雯换了衣服,雯雯竟然完全没有注意妈妈给她穿的是什么衣服,没有为穿什么衣服而吵闹。穿好

衣服后,雯雯看见妈妈的头发,主动说:"妈妈给我也梳这种头发。"小芊说"好",哪知要梳的时候,雯雯又躺下了,说不梳了,像原来一样赖在床上不动了。

小芊想着那句话,对雯雯说道:"宝贝,你知道吗?你不梳头妈妈也爱你。"而不是像以前那样指责、强行要求直到最后厌烦和发怒。她给躺在她腿上的雯雯梳了漏出来的一部分头发,一边梳头一边说:"宝贝,妈妈告诉你,别人说你不乖妈妈也爱你。"正聊着天,一会儿后,雯雯就坐了起来,让妈妈把头发梳得整整齐齐的。

出门时,小芊心里又"咯噔"一下,因为她每天早上都要坚决穿一会儿让她脚疼的公主皮鞋,母女俩总会因此争执好一会儿。今天穿好凉鞋后,雯雯就脱掉了一只,说要穿公主鞋,但话还没说完就没说了,自己又乖乖穿上了凉鞋。

真是神奇,整个早上,雯雯没有一丝哭闹,特别乖巧和顺服。送孩子上校车后,她一看时间,竟然才用了不到以前的一半时间。

原来,孩子醒来后,渴望妈妈的爱,当妈妈没有给到他(她)这种爱和关注,只是一心想着各种事务,催着自己时,孩子就会觉得烦躁。最后妈妈被磨得要么极其严厉,要么不说话但眼神里透露出的都是嫌弃、不喜欢。孩子也就更害怕和妈妈分开,更爱拖延和哭闹。

03

有位才女明星在微博上说:"最初带孩子来这个世上,是因为爱。父母都说,只要宝贝平安健康就好。但渐渐地父母比孩子还焦虑,于是开始要求孩子,遗忘了最初的快乐的期许。"

要引导和管教孩子、培养孩子良好习惯的前提,首先要保持这份快乐与爱的心情。要想帮助孩子早上不拖延,也是如此。

做到了这基本的第一步,接下来还有几个实用妙招可以帮助我们轻松应对,让孩子告别早上的拖延状况。

(1)音乐起床法

孩子早上睁不开眼、不想起床,可以给他放律动性很强、很活跃、欢快的歌曲。很多家长反映:孩子每次叫不起床,不想睁眼,一放这种音乐就自己睁眼爬起来了。

(2)物质奖励法

放了音乐孩子还不动,或者孩子醒来了,就是拖拖拉拉不想穿衣,不想下床,给够了抚爱也不行,这时就可以拿出奖励,比如贴贴纸或孩子喜欢吃的很小的一块零食,用很兴奋地口吻对孩子说:"宝贝,快起床啦,给你奖励哟。"让孩子看到,但是不要马上给他(她),等孩子穿衣、刷牙、梳头、吃饭后,出门的时候才给他(她)。

我每次用这个方法,果果动作都超快,十多分钟就搞定出门了。如果以前在家中,习惯了孩子要什么就给什么。而这时就要开始坚持,一定要让孩子做完这些事后才奖励他(她)。

（3）巧妙回答法

有时候孩子赖床、拖拉，又不想上学，会问："妈妈，今天上不上学呀？"这时候如果回答"不上"还好，要是回答"要上"，可能孩子会马上大哭大闹："我不上幼儿园，我不想上幼儿园。"就算没有大哭大闹，也因为不想上学而更加拖拖拉拉不愿动。

我们可以淡定地回答孩子："宝贝，周一到周五要上幼儿园，周六到周天不上幼儿园。"接着就告诉孩子今天星期几。每次都这样回答，包括周六也这样回答。孩子不会因为马上得到"要上"这个答案，而心里觉得难以接受。而是会自己有一个思考，知道今天该上学，或不该上学，就很容易接受上学这个事实。许多家长改变方式回答孩子后，孩子的情绪也总是很稳定，对于上学也总是能坦然地接受，主动背上书包。

只要我们用正确的态度，掌握了正确的方法，孩子会就快快乐乐地告别早上拖延的现象，我们和孩子也会越来越享受早上这段时光。

不慌不忙，不急不躁，孩子的动作反而更快，我们的时间也就更加充裕。

孩子争玩具，
这么处理最有效

01

朋友和她的女儿瑶瑶到我们家玩，朋友和我叙旧，瑶瑶和果果一块玩。玩着玩着，两个孩子争起玩具来，大吵大闹后，都跑到自己妈妈这里来告状："妈妈，她抢我玩具。""妈妈，我先拿到的。"

我和朋友相视一笑，告诉孩子们："宝贝，你们自己解决吧，想想看怎么让大家都开心。"拿着玩具的瑶瑶跑到一边去玩了，果果则"哇"的一声哭着跑到里屋去了。

我跟朋友说："没事，一会儿她自己就出来了。"果然，没一会儿，果果不哭了，跑出来又跟瑶瑶玩起了别的玩具。

两个孩子玩耍时，大人在一边参与着，随时指示着，孩子们就很依赖大人，老是想要告状。这时如果我们不管他们，让他们

自己玩,他们就再也没有闹别扭了。

两个人意见不一致时,孩子们总能自己找到化解的办法,然后又一起玩游戏。因为他们还是很想一起玩的。其实,她们也比大人所想象的更会化解冲突。

孩子玩耍时争玩具,大人一句:"你们自己想办法解决吧。"这是最好的做法。也许刚开始两个孩子还是会争会吵,但很快就会发现本来就是好朋友的他们一会儿就和好,达成新的协议了。有时候,不管,就是最好的管法。

02

娇娇是一个可爱的小女孩,但很奇怪,娇娇没有真正要好的小朋友,小区里和她同龄的女孩儿都有好朋友,甚至好几个都彼此是好朋友,都喜欢在一起玩。唯独娇娇,很落单,总是一个人玩。

原来,娇娇妈妈很爱娇娇,娇娇和小朋友们在一起玩时,娇娇妈妈都会在旁边跟着,不管娇娇和小朋友说什么话,娇娇妈妈总会补充;而小朋友说什么话,娇娇妈妈也总要再补充。遇到娇娇受委屈了,娇娇妈妈更要马上帮着说话,甚至教导别的小朋友。

于是,这样的场景常常出现:"妈妈,我想和她们玩。""去吧。"娇娇妈妈便带着娇娇到小朋友面前:"你和娇娇一起玩吧。"

两个小朋友聊天时,娇娇妈妈就好像中转站。"娇娇说走这边。""对,娇娇要和好朋友玩得开心。""不能这样。"

两个小朋友玩着玩着,争起了玩具,娇娇妈妈说:"你们一人玩一会儿吧。"结果都争着先玩,谁也不让谁。娇娇妈妈说:"让娇娇玩会儿吧,娇娇会还你的。"或者"娇娇给她吧,我们家有。"

娇娇妈妈放不下娇娇,以至于一直帮着娇娇说话,陪着娇娇全程参与她和小朋友的玩耍,全程参与争玩玩具的过程,不停地说话和调节,而娇娇因为有妈妈在身边,总是和小朋友玩不到几分钟,就会发生争执哭闹。

娇娇完全不会和小朋友相处,更是常常为争玩具而无法继续玩。娇娇没有要好的小朋友,原来正是因为妈妈的过度庇护啊。

03

娇娇真的不会和小朋友玩吗?当然不是。

有一回,就在娇娇和好朋友一起玩时,娇娇妈妈因为有点急事,外面太阳又晒,不得不第一次把娇娇单独放在了朋友家继续玩耍,自己先出去办事了。

一个多小时后,娇娇妈妈回来,看见朋友坐在客厅,问孩子们呢?朋友指指房间说,两个孩子一直关着门在房间里玩,一点声音都没有,玩得可好了。娇娇妈妈不太相信,因为在她出门之前两个孩子还在不停地大吵大闹,不停地告状。她轻轻开门一

看，两个孩子坐在飘窗上，手里各拿个娃娃，玩得好开心呢。

娇娇妈妈这是第一次当孩子和好朋友在玩的时候，没有紧紧跟在身边，没有不停地指点，而是坐在外面和朋友聊天。但是，两个孩子却一直相安无事地玩了几个小时，而且临走还彼此恋恋不舍。

那天，娇娇妈妈终于意识到：过去是自己对孩子插手太多了，从来没有放手让孩子和小朋友单独相处过。没有她在身边，娇娇也更能好好地和小朋友们一起玩。

那之后，每次娇娇和小朋友们一起玩时，娇娇妈妈都不再靠近，远远看着就好，让孩子们自己玩，自己交往。没想到，娇娇每次都能玩得很开心，很快就有了好几个好朋友。

而且她不在身边，也不会出现孩子们争玩具的画面。但只要她一跟得太紧，马上就开始有了告状争玩具的现象。原来，只有她信任与放手，才能让孩子更好地与小朋友们相处。

04

国际21世纪教育委员会提出，人际交往能力是教育的四个支柱之一，儿童早期的人际交往技能、交往状况会深深影响其未来的人际关系、自尊、甚至幸福生活。

心理学讲：缺少正常人际交往的孩子，往往会表现出：拘谨胆小、害羞怕生、孤僻退缩，或以自我为中心、不能合作、任性攻击。而人际交往中的尊重、分享、合作、关心则是预防和治疗这类心理问题的灵丹妙药。由此可见,从小培养幼儿具有良好的人际交往能力,对促进其心理健康发展,预防各种心理疾病有着积极而重要的意义。而正确对待孩子们玩耍时的争吵,有助于培养孩子良好的人际交往能力。

在爸爸妈妈看来,争吵是一种很不礼貌的行为,因此当孩子们之间发生争执或抢玩具时,父母们总是急于介入并企图平息他们之间的战火。

云云妈妈讲述了一件事:有一天,云云和小伙伴在房间里玩玩具,不一会儿,房间里传来了相互争吵的声音,"这是我的。""我要告诉你妈妈。"房间外的云云妈妈正要进去,电话响了,等她接完电话,房间里居然已经变成了欢声笑语。

桐桐妈妈则说:她一直觉得桐桐不会分享,谁知有一天桐桐和好朋友玩,好朋友一定要她手上的玩具时,开始不同意的她,看见好朋友一直哭闹,并说:"我回家了,不跟你玩了。"桐桐想了想,竟主动把手中的玩具递给了好朋友。

其实,孩子们遇到争吵也是一件好事,在争吵中,备受宠爱的孩子们知道,原来不是所有的事情都能按照自己的意愿来,不是所有人都会顺着自己,只有这时他们才能学习妥协和谦让,学会选择用最好的方式去平衡双方的关系,平复和调节自己的情绪。

所以,当孩子们争吵和抢玩具时,父母不要急着去干预,除非孩子们开始谩骂或打架。要知道这是孩子成长的必经过程,不要看得太紧,我们小时候不是也都经历过这些吗?

  我们要有坦然的心态,平时多跟孩子沟通,引导孩子正确地思考,在孩子跟小朋友一起玩时,多多放手,信任他们,让他们自己平息争吵解决问题,你就会发现,孩子比我们想象的要棒。

家有女儿,
五种教育要趁早

01

生下女儿果果前,丈夫一心想要儿子。他说:"如果是儿子,将来最多是生活压力大点儿,身体累点儿。但如果是女儿,将来要是没遇到好男人,找不到幸福,心里苦一辈子,太心疼了。"

原来,丈夫不是不喜欢女儿,而是太爱女儿了。爱女儿爱到不敢想以后和万一。万一女儿遇不到好男人,万一女儿将来不幸福怎么办?

我们生女儿的,谁不是揣着颗担忧的心,一心要把最好的给女儿,最大的盼望就是女儿一辈子幸福。思来想去,我们与其害怕女儿将来找不到幸福,不如努力培养她创造幸福的能力。

单身时她快乐而满足,不会随便找安慰。将来结婚了,也更

有能力建造幸福的家庭。

宝贝女儿,爸爸妈妈希望你不必遇上王子,就已经是最幸福的公主。希望你能创造幸福,而不依靠别人给予幸福。

六一儿童节前,某天放学后,果果翘着小嘴,很不开心。她说:"妈妈,我不想站在第四排,我想站在第一排的最中间。不然我就不想跳舞了。"

奶奶听说后,请我去告诉老师一声,让老师给果果换个位置。可是,如果遇见任何事,都让周围的人来调整和迁就,那将来女儿独自面对社会,得到的不是她想要的,她会容易沮丧和受挫,哪里会觉得幸福?

我对奶奶说:"不用的。"然后搂着果果,对她说:"宝贝,你站在后面,爸爸妈妈一样能看见你,也看得特别清楚呢。"

碰巧的是,那晚第一次给果果读《安吉丽娜与公主》的故事,安吉丽娜排练时因为生病,忘记舞台剧的动作,没有当成主角,她很难过。妈妈安慰她:"世界上的事不总是尽如人意的,你可以尽力把自己的那一部分跳好,别管角色是大还是小,都在为舞台剧做贡献。"

我把这话改了改,告诉果果:"宝贝,你只要站在你的位置上,不管是前还是后,跳好你的动作,就很棒很棒啦。"

故事中,安吉丽娜认真跳好配角,也向主角学习,临上场时她替补了因故缺席的主角,成为了全场的中心。

六一儿童节当天,果果表演得很认真。下台后,我问:"今天跳舞开不开心?"她大声说:"开心。"

女儿，不管你将来在什么样的位置，坦然和快乐就是最大的幸福，也只有踏实努力地享受，用心完成当下的任务，才有机会站在更闪亮的位置。

02

到现在，我还没有给果果讲过白雪公主和睡美人的故事，不想让小小的她在潜意识里觉得：公主必须有王子来拯救她。不想让她有一种感觉：公主长大了，就得早早和王子在一起。

我想告诉她：女儿，公主活着不是为了遇见王子，结婚也不是女人的必需品，以后妈妈不会逼你结婚生子，那些并不要紧，除非你遇到那个真正与你相爱的人，否则千万不要为世俗所迫而结婚生子。

妈妈希望你对自己负责，能够按照自己的理想去生活，有独立选择的能力，在任何时候和情况下都会欣赏自己，而不必一味地去取悦别人，不用一心获取别人的关注。

我们的女儿本身就是珍贵的公主，即使没有王子，无人关注、喝彩，公主也可以很幸福。

03

有段时间，果果很容易生气，动不动就说："烦死了。"纠正了好几次都没用。某晚哄她睡觉，她迟迟不睡，疲惫的我发

怒："烦不烦你。"我一惊,原来女儿是跟我学的。

那些日子,我要带孩子做家务,还有很多繁杂事一并而来,心里总有一股无名的火。去充电费,已经下楼了却发现没有带电卡,"真烦,又得跑一趟。"送果果上幼儿园,发现书包落在家里了,得返回去拿,"好烦。"

我正在慢慢调整自己,不管遇到什么烦恼的事,都放平心态,或者干点别的事情冲淡抱怨的情绪。也要随时提醒自己和孩子:"瞧,这事多好,多开心呀。"随时用感恩的心态和喜乐的眼光看待生活。

有一天,开车送果果上学,到了学校外,还有一个停车位,我说:"宝贝,每一天我们都有好多开心的事呀。你瞧,我们今天来这么晚,居然还有停车位,太开心了。"

果果慢悠悠地回答:"妈妈,没有停车位也很开心呀。"哇,把我感动得不要不要的。这样的心态,会让女儿将来更容易拥有幸福的婚姻。

大多数的夫妻都是普普通通的人,并非十恶不赦,当初明明是相恋相爱,看对方也是哪儿都好。可结婚后,怎么爱就渐渐消失了,不再觉得幸福了呢?因为结婚后因家务琐事、缺点暴露,夫妻很容易生出责备,互相抱怨。

许多幸福的女人,不是取决于她们有一个十全十美的丈夫,而是在那不完美的丈夫和婚姻生活中,她们选择看到好的一面。

有一张图片在朋友圈刷屏了,一对老爷爷老奶奶金婚纪念日。有人采访老奶奶:"他的优点多吗?"

老奶奶说:"少得可怜,像太阳一样,只有一个。"

"他的缺点呢?"

"多得不得了,像天上的星星一样多。"

"那你为什么还这么爱他?"

老奶奶笑着说:"因为太阳一出来,星星全都不见了。"

最利于婚姻的心态就是,接纳缺点,感恩优点。抱怨会传染,感恩和幸福也是,这样的女儿,不管结不结婚,都有让自己幸福的能力,也会让这幸福流淌在婚姻和家庭中。

04

陪果果玩时,我不小心坐在她新玩具的盖子上,"咔嚓"一声,漂亮的盖子碎了。没等我道歉,果果马上问:"妈妈,你屁股坐痛了吗?"丝毫未提她的盖子。

我不小心把手切了,她帮我用创可贴包上,用嘴吹伤口,之后每次见我用刀,都会说:"妈妈,你小心点,别把手切到了。"

果果对我们的态度来自于我们对她的态度。当她不小心摔倒或受伤时,我们没有很强硬地要求她自己爬起来,也没有说"这点伤不算什么,要坚强"或者"有什么好哭的"。当她表现出需要我们时,我们总会第一时间到她的面前,抱着她,吹吹她的伤口,安慰她:"摔痛了吗?宝贝,妈妈好心疼,下次一定要小心点。"

被安慰的她并没有变得更脆弱,而是变得更有温度。看到小区里有小朋友在哭,她会去抱抱,甚至将自己手上仅有的零食给对方,安慰对方。这一点在人际关系交往上非常重要,同理心能让我们的女儿收获更多的朋友,也是创造幸福的重要环节。

05

前不久,演员黄磊10岁的女儿多多打耳洞、化妆,许多网友批判早熟。其实,每个小女孩儿心里都有一颗爱美的种子。

我和小伙伴们读小学时用指甲花涂指甲,用花藤做项链耳环,甚至还偷偷穿妈妈的高跟鞋……我们当年尚且如此,何况现在更加见多识广的小女孩儿呢?

果果现在已经很热衷用画笔给自己涂指甲,像模像样地在脸上化妆,自己选衣服。对于果果开始萌发的爱美之心,我也不担心。允许果果画指甲,甚至画完自己的,她还热心给我画。即使她偷偷画眉毛、口红,把脸涂得五颜六色,我也不呵斥和嘲笑她。等她画完后,她自己看着镜子就会说:"妈妈,我画得一点儿也不好看。"

我说:"果果,你画得很认真,这点很好。但是你看,要会化妆,先得学会画画,等你在纸上能画得很好了,再长大一点儿,就可以用化妆品在脸上化妆了。"她开心地去把脸洗了,然后拿着画笔在纸上开始画画。

孩子爱打扮,这是好事,说明孩子有审美的意识,我们不必太过担忧，只要引导孩子有正确的审美观。而画画就是一个特别好的引导方式。在画画的过程中，孩子开始对颜色的搭配、美好的事物有一个逐渐清晰的感受，也会更注重发现和观察身边的美好，热爱生活。爱画画的孩子，她的审美能力不会差到哪儿去。

不过妈妈也要在自己身上多花心思。我们注重品位了，女儿也会跟着注重品位，我们穿着得体大方，将来女儿也会如此。

一个有爱美之心、有审美能力的女儿，自信心也更强，工作也罢，与人相处也罢，将来结婚也罢，都会更加游刃有余。

培养女儿创造幸福的能力，不仅是让她不必依靠别人获取幸福，更重要的是，她自己就要具备创造幸福的潜在能力，还能把幸福感传递给身边的人。

愿天下每个女儿都幸福，每对父母都欣慰。